山东省统计科研重点课题"财税措施的环境治理效应研究"和青岛科技大学人文社会科学研究项目（10XC09）的研究成果

财税政策的环境
治理效应研究

Research on Environmental Governance
Effects of Fiscal and Taxation Policy

张　玉　著

经济科学出版社

图书在版编目（CIP）数据

财税政策的环境治理效应研究/张玉著.—北京：
经济科学出版社，2014.12
ISBN 978 - 7 - 5141 - 5172 - 5

Ⅰ.①财… Ⅱ.①张… Ⅲ.①财政政策 - 关系 - 环境
管理 - 研究 - 中国②税收政策 - 关系 - 环境管理 - 研究 -
中国 Ⅳ.①F812.0②F812.422③X321.2

中国版本图书馆 CIP 数据核字（2014）第 261948 号

责任编辑：柳　敏　于海汛
责任校对：刘欣欣
版式设计：齐　杰
责任印制：李　鹏

财税政策的环境治理效应研究

张　玉　著

经济科学出版社出版、发行　新华书店经销
社址：北京市海淀区阜成路甲 28 号　邮编：100142
总编部电话：010 - 88191217　发行部电话：010 - 88191522
网址：www.esp.com.cn
电子邮件：esp@esp.com.cn
天猫网店：经济科学出版社旗舰店
网址：http://jjkxcbs.tmall.com
北京汉德鼎印刷有限公司印刷
三河市华玉装订厂装订
710×1000　16 开　12 印张　180000 字
2014 年 12 月第 1 版　2014 年 12 月第 1 次印刷
ISBN 978 - 7 - 5141 - 5172 - 5　定价：36.00 元

序

环境保护和环境治理牵动经济社会发展全局，必须予以高度关注并大力地推进。我国实行改革开放三十多年来经济和社会事业发展取得了世人瞩目的巨大成就，但也遇到了日益严重的资源和环境制约，环境污染越来越成为经济发展和民生改善的主要羁绊。党的十八大报告明确将"大力推进生态文明建设"作为全面建设小康社会的重要战略性任务和重点突破方向，要求把生态文明建设融入经济建设、政治建设、文化建设、社会建设各方面和全过程，努力建设美丽中国，实现中华民族永续发展。

在大力推进生态文明建设方略中，首当其冲的是做好环境保护和环境治理工作，而这项工作的成效又与制定正确的环境财税政策密切相关，这不仅因为实施环境财税政策能够有效克服环境资源配置上的市场机制失灵和消除环境负外部性，而且还在于环境财税政策作用机制的本质是一种约束—激励机制，能够优化环境生产要素的配置，促进环境质量改善。

据此观察本书的选题和所从事的研究，作者基于实现我国当前经济社会发展中重大而又紧迫的战略任务的要求，着重对环境治理财税政策的作用机制和效应展开深入研究分析，这对于如何更好地促进我国生态文明建设，同时如何进一步完善财税制度和政策，都具有重要的理论参照价值和实践指导意义。

本书的创新之处主要表现在：（1）建立一般面板模型、基于污染溢出的空间计量模型,对污染治理投资、财政转移支付和政府绿色采购等财政政策的环境治理效应进行回归分析,结果表明,财政政策的环境治理效应均较为明显,能有效降低工业污染物的排放。(2)对征收资源税、城市维护建设税、城镇土地使用税、耕地占用税和排污费等税费的环境治理效应进行回归分析,结果表明,多数税费的环境治理效应不明显,环境税收政策有待进一步改革和完善。(3)从"投入—产出"角度,对现行财政政策、税收政策的环境治理效率进行数据包络分析,并重点对财政政策环境治理效率的影响因素进行实证分析,结果表明,省际间财税政策环境治理效率差异较大且普遍偏低,有待进一步提高。这些创新性的观点和结论,可为我国确定科学、适宜且操作性强的环境财税政策提供决策参考,进而改进我国相关财税政策和推进环境保护事业的健康发展。

本书是张玉博士在其毕业论文的基础上修改完成的,从整理数据到最后出版历时四年多,全书体现了作者扎实的理论基础、严谨的思辨分析和追求创新的科研态度。作为张玉的指导老师,很高兴为她的博士论文出版写序。也许从更高的学术标准看,本书尚有需要继续完善和提升的空间,但是它仍不失为一部关于环境财税政策的优秀著作。希望本书的出版,能够对研究环境治理的专家和相关领域的学者有一定的启发和借鉴,也为我国环境质量改善尽一份绵薄之力。

李齐云

2014 年 11 月于山东大学

前　　言

　　中国环境污染日益严重，雾霾天气、水污染和垃圾污染呈现常态化，严重危害生态环境和群众身体健康。2014 年 3 月 5 日，国务院总理李克强在第十二届全国人民代表大会第二次会议上作政府工作报告时提出，中国将改革消费税和资源税，加强环境税立法，采取一系列措施打击环境污染，并且前所未有地宣布"要像对贫困宣战一样，坚决向污染宣战"。在稳定经济增长的同时，治理环境污染，将成为政府的一项重要任务。

　　目前，中国关于环境治理财税政策的研究文献多集中于税收政策方面，主要从税收政策的不足、OECD 国家环境税收政策的经验借鉴以及开征环境税等角度进行研究，这些成果具有一定的理论和应用价值，为本书开展研究奠定了基础。但是，基于财税结合的视角研究环境治理的文献相对较少。财政政策和税收政策作为推动环境治理的两个重要经济手段，是一个有机整体，税收政策发挥作用不明显的地方需要财政政策直接或者间接弥补，这就像拳击手的一套"组合拳"，只有财政政策和税收政策协调发挥作用，才能取得环境治理的最佳效果。

本书主要针对中国财政政策和税收政策的环境治理效应展开研究，力求回答以下几个问题：财税政策促进环境治理的作用机制是什么？中国环境财政政策和环境税收政策分别包含哪些内容？这些财税政策在环境治理中发挥了哪些作用，有哪些不足？中国财政政策的环境治理效应如何？考虑污染溢出性，财政政策的环境治理效应会发生什么变化？财政政策的环境治理效率如何？有哪些影响因素，影响程度如何？中国税收政策的环境治理效应如何？考虑污染溢出性，税收政策的环境治理效应会发生什么变化？税收优惠的环境治理效率如何？基于以上分析，中国下一步该如何进行提高环境治理效应的财税政策改革和优化？基于以上分析，中国下一步该如何进行提高环境治理效应的财税政策改革和优化？

本书主要内容可归纳为三部分：

第一部分为理论基础。在对国内外同类文献进行综述的基础上，分别从财政政策和税收政策的角度，分析财税促进环境治理的作用机制，并与其他环境治理工具进行对比分析。

第二部分为中国财税政策的实施状况。根据历年统计数据，中国污染治理投资、财政转移支付和政府绿色采购等财政政策在环境治理中发挥了一定作用，但是环保财政支出力度有待进一步加大；与环境保护相关的消费税、资源税、城市维护建设税、排污费等税费，在抑制工业污染物排放、保护环境方面起到一定积极作用，但是总体上在国内生产总值中占比相对较小，甚至有逐年下降趋势。

第三部分为财政政策和税收政策环境治理效应的实证研究。在不考虑污染溢出的前提下，根据省级财税数据和经济发展数据等，建立一般面板模型，分别对财政政策和税收政策的环境治理效应进行实证研究；在考虑污染溢出的前提下，建立空间计量模型，对财政政策和税收政策的环境治理效应分别进行回归分析；同时，对财政政策和税收政策进行"投入—产出"的环境治理效率 DEA（Data Envelopment Analysis）分析。研究结果表明，财政政策和税收政策的环境治理效应不明显，环境治理效率普遍偏低，各省（自治区、直辖市）之间的效率差异较大，财政政策和税收政策的环境治理效应有待进一步提高。

综上，在环境污染治理备受关注的今天，本书对中国环境财税政策的实施状况及其环境治理效应进行详尽的研究，将对促进中国财税政策改革，提高环境治理效应具有重要的理论价值和现实意义。

目 录

1

导　言

1.1　问题的提出

生态环境是人类赖以生存的基础，人类生产和生活无时无刻不在改变着环境，也无时无刻不受环境因素的影响。良好的生产和居住环境，有利于提高产品质量和生产效率，也有利于人类保持身体健康。发展经济的根本目的在于满足人民群众的物质需求、精神需求以及健康需求。但是，随着经济社会快速发展，中国环境污染问题日益突出，主要是长期以来经济发展盲目追求速度、粗放式发展的结果。

党的十八大报告指出，要着力加强生态文明建设，为人民群众营造良好的生产和居住环境，建设美丽中国。这就要求我们树立科学发展的理念，充分认识推动生态文明建设的重要意义，将环境污染治理作为生态文明建设的攻坚方向，通过实施一系列有效的财税政策，控制和减少环境污染问题，实现人与自然的和谐发展。目前的中国政府环境治理工作存在不足，2012 年《政府工作报告》中坦承，2011 年没有完成节能减排目标，这反映了当前中国环境治理的艰巨性和紧迫性。

空气污染方面："十一五"期间，虽然全国 SO_2 排放量有所下降，但是，中国仍是世界 SO_2 排放大国。2012 年，全国二氧化硫排放总量为 2 117.6 万吨，氮氧化物排放总量为 2 337.8 万吨，全国酸雨污染面积约占国土面积的 12.2%。2012 年，按照《环境空气质量标准》（GB3095 – 2012）[①]，中国 325 个地级及以上城市环境空气质量达标比例仅为 40.9%。113 个环境保护重点城市环境空气质量达标比例仅为 23.9%。同时，国际能源机构（IEA）统计数据显示，2010 年中国 CO_2 排放量就达到 7.258Gt，远超美国 5.368Gt 的排放量，成为世界上第一大温室气体排放国[②]。

水污染方面：根据环境保护部《2012 中国环境状况公报》显示，2012 年中国地下水水质较差的为 40.5%，极差的为 16.8%，这说明中国水质总体情况不容乐观。2012 年环保部处理了 33 起突发环境事件，其中有 30 起为水污染事件。这 30 起事件中，有 26 起涉及饮用水源地污染问题[③]。2014 年 3 月 14 日，环境保护部发布的首个全国性研究结果显示，中国有 2.5 亿居民的住宅区靠近重点排污企业和交通干道，有 2.8 亿居民使用

[①] 《环境空气质量标准》（GB3095 – 2012）于 2012 年 2 月发布，将于 2016 年 1 月 1 日起在全国实施。

[②] International Energy Agency. CO_2 Emission from Fuel Combustion Highlights ［R］. Paris：IEA，2012.

[③] 转引自：《2012 中国环境公报发布，水环境质量不容乐观》，载于《南方周末》2013 年 6 月 4 日。

不安全饮用水①。这从一个侧面说明中国水环境质量形势严峻。

固体废物污染方面：目前，中国每年产生的工业废物和生活垃圾达 10 亿多吨，呈逐年上升趋势。每年约有 3 000 吨工业危险废物被排放到环境中，全国 600 多座城市中，有 200 余座处于垃圾包围之中，由此造成的污染和二次污染事故时有发生②。

环境污染问题给人民健康带来巨大损失。中国目前最显著的污染是空气污染。据统计，超过 1/3 的监测城市 PM_{10} 浓度超过 II 级标准。中国 $PM_{2.5}$ 浓度也非常高，是目前我们面临的最严重的环境问题③。总之，中国环境污染造成的损失增速已超过 GDP 增速，环境危机严重制约了经济发展。环境污染问题不仅影响到中国经济的持续增长和社会和谐，更威胁到人们的生存环境和身体健康，必须采取措施坚决遏制。2014 年 3 月 8 日，环境保护部副部长吴晓青在两会记者会上表示"向污染宣战"，这充分表明了中国政府治理污染的决心和信心。

本书从财税手段推动环境污染治理的角度，对中国财税政策的环境治理作用机制进行阐述，对当前环境财税政策取得的成效和存在问题进行分析，利用相关环境数据，对财税政策促进环境治理的效应进行实证研究，并且根据结果对环境治理财税政策的改革提出建议，以期改善生态环境，实现"美丽中国"的战略目标。围绕这个研究思路，本书试图回答以下问题：

（1）财税促进环境治理的作用机制是什么？

（2）中国环境财政政策和环境税收政策分别包含哪些内容？

---

① 转引自环保部：《我国 2.8 亿居民使用不安全饮用水》，中国青年网，2014 年 3 月 15 日。

② 转引自《人民日报》，2005 年 4 月 8 日，第 16 版。

③ 转引自《雾霾中国》，载于《南方周末》2013 年 1 月 15 日。

这些财税政策在环境治理中发挥了哪些作用，有哪些不足？

（3）环境治理的效应如何衡量？中国财政政策的环境治理效应如何？考虑污染溢出性，环境治理效应会发生什么变化？

（4）效率如何衡量？中国财政政策的环境治理效率如何？有哪些影响因素，这些因素的影响程度如何？

（5）税收政策的环境治理效应如何？考虑污染溢出性，环境治理效应发生了什么变化？基于激励机制的税收优惠的环境治理效率如何？

（6）针对以上分析，如何进行环境财税政策改革和优化？

1.2 文 献 综 述

1.2.1 国外关于环境政策治理效应的研究

1.2.1.1 理论基础：外部性理论与庇古税

国外关于环境治理政策的经典文献，可以分为两类：一类是外部性理论与庇古税，认为需要通过政府干预解决环境问题；另一类是科斯定理，认为需要通过市场机制来解决环境问题。

萨缪尔森（Samuelson）对公共品的定义为，所有人都可以获得它所带来的好处，而且一个人对它的消费不会减少另一个人的消费。公共品因为产权没有界定，或者界定不清，容易导致"公地悲剧"，即过度使用公共资源的弊端。

1890 年，新古典经济学家马歇尔（Marshall）首次提出"外部经济"概念。外部性是指一个经济主体的行为对另一个经济主体的福利产生的影响，没有通过市场价格反映出来。外部性可分为正外部性和负外部性。环境污染是一种典型的负外部性活动；而环境治理是一种正外部性活动，并且环境治理具有外溢效应，治理一个地区环境可以使相邻地区甚至相邻国家乃至全球环境得到改善，具有正外部性。

1920年，外部性理论被福利经济学创始人庇古（Pigou）得以发展，他最早提出通过征税可以对污染行为发挥调节作用。他提出了私人边际成本和社会边际成本，认为外部性的存在导致私人收益与社会收益、私人成本与社会成本不一致。他认为，市场机制不是万能的，依靠市场机制不一定能实现资源配置的帕累托效率最优，必要时要采取政府干预的有力措施。传统的庇古税干预模式是政府通过征税和补贴解决外部性，征税可以使负外部性的制造者承担外部成本，补贴减轻正外部性成本，这是一种鼓励。长期来看，生产者为了规避被征税，会想法改进生产技术，减少税收负担水平，从而实现环境治理的目的。庇古税不足之处在于，实践中设计相应税制难度较大。

1.2.1.2 理论基础：科斯定理

庇古税在20世纪20年代即引发争议，奈特（Knight）、埃利斯和费尔勒（Ellis and Feller）认为外部性产生的原因是资源财产所有权的缺乏。1960年，科斯（Coase）在《社会成本问题》一文中对庇古的外部性理论提出质疑，他认为污染量及其引起的损失很难货币化衡量，因为确定排污税标准时需要参照相关成本信息，但是由于信息不对称，搜集企业边际净收益、社会边际成本需要付出较大成本，结果还不一定准确。科斯同时指出，可以通过在产权明确界定的前提下进行市场交易的办法，通过生产者和消费者自愿谈判和交易解决外部性问题。

科斯定理指的是，在交易成本为零时，对产权充分界定并加以实施的前提下，外部性因素不会导致资源配置不当。人们之间基于互惠互利原则进行谈判，使外部性产生的社会成本内部化，从而达到资源的有效配置。根据科斯定理，解决外部性可以用市场交易（包括自愿协商制度、许可证交易制度等）替代庇古税手段、法律手段及其他政府管制手段。

科斯定理的不足之处在于，当事人之间交易成本可能非常高，导致无法交易成功。特别是参与者较多时，信息交流不畅通，导致高交易成本以及"搭便车"行为，最终谈判失败。由此可见，市场交易虽然有一定的灵活性，但是市场失灵问题也说明了政府干预的必要性。

1.2.1.3 国外关于环境政策治理效应的研究

国外关于环境政策效应的实证研究始于 20 世纪 90 年代。马加特（Magat, 1990）和维斯库西（Viscusi, 1990）研究了环境政策对美国和加拿大纸浆、纸制品企业的生物需氧量和固体悬浮物排放的影响，结果表明，环境政策能减少大概 20% 的排放量。拉普兰特（Laplante, 1995）和瑞斯通（Rilstone, 1995）进一步验证了以上结论，研究结果表明，环境政策对影响污染排放量的减少上升到 28%。同时，美国和加拿大的环境政策要求企业定期报告污染排放情况，这为环境政策的制定提供了更多、更准确的污染信息。纳多（Nadeau, 1997）研究发现，环境政策还可以减少美国纸浆和纸制品企业废气排放的持续时间。纳约特（Panayoutou, 1997）对 1982 ~ 1994 年 30 个发达国家、发展中国家数据的分析结果表明，环境政策能够显著减少由于二氧化硫引起的环境退化，在低收入水平时显著减少环境退化，在高收入水平时加速环境的改进。汉格等（Hettige et al.，2000）利用巴西、中国、印度、美国等 12 个发达国家、发展中国家的企业工业污水排放数据进行实证研究，发现严格的环境规制可以促使工业废水排放量随着收入增加而减少。达斯古普塔等（Dasgupta et al.，2001）以中国镇江污染企业为检测对象，考察监管和排污费对企业排污的影响，结果表明，政府监管比排污费对治理排污更有效。同时，达斯古普塔等（Dasgupta et al.，2002）通过研究指出，严格的环境政策促使污染排放水平低于没有环境政策时的排放水平。康拉德、沃斯特（Conrad and Wastl，1995）、格林斯通（Greenstone，2002）考察了环境政策对污染密集产业全要素生产率的影响，实证研究结果表明，环境政策可以减少污染密集产业的全要素生产率水平，限制污染密集产业的发展。

国外关于排污费环境治理效应的研究时间较早。1970 年，杜克大学法律杂志（Duke Law Journal）指出排污收费制度引致企业自我激励，在提供有效的强制工具时可以减少政府行政成本。杰罗尔德米·彼得森（Jerrold M. Peterson，1977）指出，政府提高排污费标准，可以积极引导企业减少污染排放量。迈克尔（Michael，1981）认为，从长期来看，排污费对企业污染行为的抑制作用是低效的。埃利等（Eli et al.，2001）持相反意见，认为"污染者付费"机制容易引发企业和政府讨价还价，从而导致环境治理效率损失。

国外关于政府竞争与环境治理效应。坎伯兰（Cumberland，1981），威尔逊（Wilson，1999）和劳舍尔（Rauscher，2005）指出，由于政府竞争的存在，地方政府为了吸引更多企业，不惜放松环境监管，降低税负，降低引进企业的社会成本，导致公共服务供给与环保投入金额不足，效率低下，进而导致地方环境质量恶化，出现"趋劣竞争"（Race to the Bottom，RTB）。博多斯基（Potoski，2001）通过比较美国大气污染状况，发现美国各州之间并不存在"趋劣竞争"现象，甚至有的州表现出"趋优竞争"（Race to the Top，RTP）。王和狄（Wang and Di，2002）对中国 85 个城镇进行实证研究，结果表明，上级政府干预和辖区内居民抱怨均会影响地方政府环境污染治理偏好。上级政府越重视环境污染治理，辖区内居民对环境污染的投诉越多，越有助于提升地方政府的环境污染治理效果。科林和威尔逊（Chirinko and Wilson，2007）研究发现，地方政府会采用"骑跷跷板"（Riding on a Seesaw）的策略，即针对不同的污染类型，采取不同的污染治理策略。

国外关于环境政策治理效应的其他相关分析。威勒克斯（Tzouvelekas，2007）利用 1960～1995 年 23 个国家数据，将二氧化碳排放量视作生产投入要素。研究结果发现，当环境引入生产时，传统总要素生产率增长被高估，环境对产出增长和技术进步均有贡献，并且在统计上高度显著，环境的产出份额高达 14%。雷和穆克吉（Ray and Mukherjee，2007）以化石燃料、非化石燃料作为投入，以国内生产总值为"好"产出，二氧化碳排放为"坏"产出，对 2005 年 110 个国家的数据进行实证研究。结果发现，其中 70 个国家的效率得分大于 0.33，表明这些国家至少能以 33% 的比例增加人均 GDP，并减少二氧化碳排放量。因此，改善技术效率，可以同时实现高水平产出和低水平污染，污染减排与产出之间是相互促进的关系。

1.2.2 国内关于环境政策治理效应的研究

1.2.2.1 财政促进环境治理研究

由于中国环境污染问题早期并不明显，因此，关于环境财税政策研究始于 20 世纪 90 年代初期。随着经济快速发展，环境污染问题日益严重，推动环境治理的财税政策逐渐成为研究热点。

卢洪友、祁毓（2011）认为，在整个公共财政支出体系中，环境保护财政支出处于弱势地位，需要不断优化环境保护财政支出路径，提高基本公共服务保障能力，扭转生态环境恶化趋势，有效提高基本环境质量。黄菁（2011）、王宝顺（2011）等认为，污染治理投资具有时滞性和区域差异性；污染治理投资在总量增长的同时，缺乏正确积极的引导和有效的监督措施，在目前环境公共财政投资不足的情况下，提高环境财政支出效率是提高环境治理能力的有效途径。

张征宇、朱平芳（2010）通过对中国 27 个地级城市构成的面板数据进行实证研究，认为随着各地区经济发展水平的提高，对环境治理的支出呈增长趋势，而且各地区之间的环境政策竞争一定程度促进了环保支出。张克中、王娟、崔小勇（2011）以碳排放为例，研究了 1998～2008 年财政分权与碳排放的关系，二者存在正相关关系，财政分权度越高，越不利于碳排放减少，这说明财政分权会降低地方政府对碳排放管制的努力。闫文娟（2012）对政府竞争和财政分权是否削弱污染治理投资进行了研究。结果表明，财政分权对污染治理投资具有负面的影响，削弱了环保投资力度。

1.2.2.2 税收促进环境治理研究

（1）环境税的内涵。环境税的内涵可分为狭义和广义。丛选功（1995），王意涵（2009）认为，狭义的环境税指的是国家为达到限制环境污染、推动经济社会可持续发展的目的，向涉及开发利用资源、导致环境污染的单位和个人所征收的一种税。计金标（1997），朱坦、刘倩（2006）认为，广义的环境税指的是所有与自然资源的利用和环境保护有关的税种和相关税收条款的总称，具体包括资源税、污染物排放税和其他税种中的环境保护相关税收内容。

（2）环境税效果。田民利（2010）认为，中国目前的环境税体系的设计不以促进环境治理为目标，因此，对资源的生产、消费以及污染控制的影响有限。环境效果不明显，主要原因是中国缺少专门的环境税，相关税收规定不完善以及排污收费不合理等，这与财政体制、财政绩效评价机制和地方政府绩效考核等方面因素有很大关系。

（3）排污费的效果及原因。谭光荣、李廷（2008）认为排污费抑制企业排污的作用不明显。高萍（2011）认为，目前的排污费治理效应不明显，原因在于排污费征收标准较低，低于企业污染治理成本；征收管理的刚性不足，弹性有余，导致实际征收率偏低；征收范围窄，有些严重危害环境的污染物没有纳入排污收费范围；执法成本高，征收效率低；排污费收入使用不规范等。郑垂勇（2008），徐丰果（2008）认为排污费资金容易被挪用，排污费高比例返还，皆使企业怠于环境治理。综上说明，现有的排污费制度不能满足环境治理需求。

（4）环境税收政策①的经济效应研究。司言武（2010）从一般均衡分析方法入手，构建理论模型，研究结果表明，引入非同质性假设后，环境税的"双重红利"假说成立，从而为环境税的税率水平定位高于庇古税税率提供了依据。王文普（2012）从生产率、技术创新和产业竞争力等角度，运用计量方法检验环境规制对中国经济增长的影响。他首先用每个工人产出代表劳动生产率，用二氧化硫和工业化学需氧量排放强度来代表环境规制强度，通过实证研究，分别检验环境规制对生产率和环境技术创新的影响。结果表明，环境规制对环境技术创新有显著的促进作用。最后，将污染溢出纳入竞争力模型之中，在控制地区特征后，估计环境规制对产业竞争力的影响。结果显示，引入污染溢出后，环境规制对产业竞争力的正向作用明显下降，表明忽略污染溢出可能导致高估环境规制的影响。

（5）政府竞争与环境税。易志斌（2011），魏玉平（2010）认为，各省（自治区、直辖市）之间进行的政府竞争，一方面促进地方经济增长，另一方面不可避免地导致地方环境污染，但由于地方政府和污染企业之间存在利益关联联系，导致地方行政手段治理环境污染失效。因此，要克服地方保护主义，逐步提高地方政府在环境治理中的作用。

（6）借鉴国外税收促进环境治理的经验。童锦治、朱斌（2009）分析了英国、德国、法国、丹麦和爱尔兰环境税改革实践过程，提出了中国设立环境税的思路。石晓波（2009）借鉴美国、日本、德国、加拿大政府绿色采购制度经验，提出中国构

---

① 由于环境规制和环境税收政策的内涵有很多交叉，因此，环境规制的文献也一并在此进行述评。

建政府绿色采购制度的政策建议。蒋尉（2011）认为，环境治理过程中要明确环境责任，运用市场机制激发企业参与环境治理积极性，使企业在市场机制和各种政策的共同作用下，不得不或者主动参与环境治理。他对欧盟环境经济政策的发展历程进行了详细研究，包括从最初的积极应对环境问题阶段，发展到由环境推动经济、技术、贸易，政治等全面发展的全球战略阶段（见表1-1）。欧盟环境政策能够从欧盟层面传导到成员国，再传导到地方，并且确保欧盟环境政策目标得以顺利实施，其中的成功经验值得借鉴。

表1-1　　　　欧盟环境经济政策的发展阶段和趋势

发展阶段	时期	特征	标志事件
环境理性的萌芽	1951~1972年	以节约资源、末端治理为主	《巴黎条约》《罗马条约》
现代环境主义	1972~1987年	从末端治理转向源头控制、线性增长转向循环经济	联合国人类环境会议
可持续发展	1987~2000年	从衍生品到完整体系、可持续发展战略	世界环境与发展会议
低碳时代	2000年至今	由区域内转向全球	欧洲气候变化方案、英国能源白皮书
新能源时代	2007年至今	注重能效，可再生能源成为经济增长点	新的可再生能源法

资料来源：蒋尉：《欧盟环境政策的有效性分析：目标演进与制度因素》，载于《欧洲研究》2011年第5期，第73~90页。

（7）环境税改革的风险与好处。胥力伟（2010）根据发达国家实施环境税的成功经验，结合中国国情，提出环境税的开征存在引发环境风险、经济风险和社会风险的可能性，中国应该逐步、分阶段推进环境税改革，以降低改革风险。从长期看，开征环境税利大于弊，将会带来环境效益、经济效益和社会效益。

（8）环境税改革的内容。高萍（2011）认为应该采取"自行申报、环保核定、税务征收"的模式，对中国环境税制度设计为直接污染税。孙刚（2008）认为，中国环境税的选择首先应该开征水污染税，积累经验后，再开征二氧化硫税和二氧化碳税。邓子基（2010），傅志华（2010）等从发展低碳经济的紧迫性和重要性出发，提出节能减排财税制度安排。薛钢、纪惠文（2011）认为，环境税改革应考虑整体税制改革导致的税负变化。开征环境税，应尽可能降低企业所得税、个人所得税等税种的税率，避免纳税人税负增加，并且对低收入群体，应通过社会收入再分配给予财政补贴。

1.2.3 文献述评

国内外文献对于环境政策治理效应的研究为本书开展研究奠定了基础，并启发了本书的写作思路，开阔了本书的研究视野。当然，国内外文献也不可避免地存在一定不足。

国外同类文献研究的不足之处为：①西方学者的研究范围主要局限于发达国家，很少涉及发展中国家。而且，西方学者对发达国家环境税收政策研究较多，对财政政策研究较少。但是，中国的环境治理实践表明，财政政策同样发挥着不可忽视的作用。②国外关于环境税的文献，主要采用经济学的局部均衡和一般均衡分析等理论分析方法，较少进行实证研究。

国内同类文献研究存在的不足之处为：①对财税政策的理论

分析较多，实证研究较少。关于经济效应的实证研究比环境效应的实证研究多。环境财税政策改革不能仅仅以规范分析为主，还需要与实证分析相结合，共同分析财税政策的环境治理效应。②国内关于环境税费政策的研究多选择全国性视角，基于省际视角的研究较少。实践中，环境治理主要依靠地方政府，因此，基于省际视角研究财税政策的环境治理效应显得尤为重要。

综上，目前缺乏把财政政策和税收政策融合到一个体系进行环境治理的研究，特别是缺乏关于财税政策的环境治理效应研究。本书将结合国内外文献的研究成果，采用规范分析和实证分析相结合的方法，对中国财税政策的环境治理效应进行研究。首先，对财税促进环境治理的作用机制进行理论分析；其次，对财政政策和税收政策的环境治理效应分别进行实证研究；最后，提出政策改革建议。

1.3 主要概念界定

1.3.1 环境与环境污染

环境指的是影响人类社会生存和发展的那些天然的，以及经过改造的自然因素的总体，包括大气、水、土地等。

环境污染是指人类直接或间接向环境排放超过环境自净能力的物质或能量，导致环境质量下降，对人类生存与发展、生态系统和财产造成不利影响的现象。环境污染主要包括大气污染、水污染、土壤污染（固体废物污染）等6种情况（见表1-2）。

表1-2   环境污染的种类及危害

种类	主要原因	主要损害症状
大气污染	烟尘,废气,有毒物质(二氧化硫,二氧化氮)	哮喘,支气管炎
水污染	水体污染、废水,废液,一般废物	中毒
土壤污染	砷,重金属	中毒
噪音	工厂,建筑施工,道路交通,火车,飞机	头痛,失眠,抑郁,听力下降
振动	工厂,建筑施工,道路交通,火车,飞机	头晕
有毒气体	废气,河流污染,环卫设施,污水积累	头痛

资料来源:Environmental Pollution Control Measures(Japan)。

　　环境污染可分为三类:一是经济发展引起高消费造成的环境污染。这类环境污染表现为工业污染物在污染物总排放中的比重不断下降,而生活污染物比重逐渐上升。二是由经济增长、工业化和城市化所引起的以水污染、大气污染和固体废物污染为主的环境污染。三是由于贫困和经济不发达引起的以生态退化为主的环境污染。

　　历年统计数据表明,中国70%以上的环境污染来自工业污染。根据重要性原则,本书选择把第二类环境污染即工业污染,作为环境治理的对象。

1.3.2　环境保护与环境治理

　　环境保护指的是运用经济、法律、行政管理等方法和手段,保护生态环境,推动经济社会各项事业全面、健康、可持续发展，并实现人与自然和谐发展的各类行动的总称。

中国 1956 年首次提出"综合利用"工业废物的方针，这是关于环境治理的第一个政策法规。环境治理指的是为有效利用各类资源，采用环境科学、经济学和社会学等理论，发现、理解、掌握破坏环境的主要原因和危害，对已经产生或即将产生的环境污染进行积极预防和治理，促进人与自然环境的和谐发展。

崔亚飞、刘小川（2010）认为，第二产业是中国经济增长的支柱，环境污染主要源于工业，所以环境治理的关键在于工业污染的治理。杨洪刚（2009）认为，广义的环境治理包括环境污染控制和生态保护两方面内容，其中环境污染控制是中国环境治理的主体部分。环境治理涉及的政策工具有"命令—控制"工具、经济刺激工具和公众参与工具①。生态保护也包含很多政策工具，如生态补偿制度。

综上，为了增强问题论述的集中性和针对性，避免因研究内容过于分散而导致顾此失彼的混乱，本书采用狭义的"环境治理"含义，只研究工业污染治理，具体包括工业污染的事前预防和事后控制两个方面。

1.3.3 环境财税政策

环境财税政策包括环境财政政策和环境税收政策（见图 1 - 1）。环境财政政策主要是财政支出政策，主要包括污染治理投

---

① 杨洪刚：《中国环境政策工具的实施效果与优化选择》，复旦大学出版社 2009年版，第22页。

资、财政转移支付以及政府绿色采购等。环境税收政策主要包括
征收各种环境税收、征收排污费和税收优惠等。

财政支出按经济性质分为购买支出和转移支出。与环境治理
有关的购买性支出主要是政府绿色采购。与环境治理有关的转移
支出主要包括财政补贴和税式支出。税式支出在本书中放入税收
政策的税收优惠部分进行阐述。

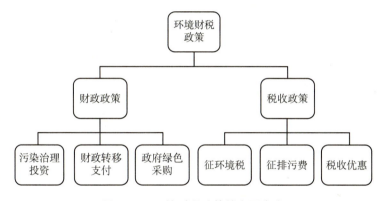

图 1-1　环境财税政策的主要内容

关于环境税收政策的概念界定有三种观点：一是完全独立的
环境税法律制度，单独作为一个税种，与传统的其他税收法律制
度平行、独立；二是若干包含有环境治理条款税种的总称，不是
一个独立的税种；三是在各个环境税种基础上，把排污费也纳入
进来。因为排污费具有税收的强制性、无偿性和固定性特征，在
国外也多以税的形式存在。因此，本书研究的环境税收政策在外
延上除了包括相关税收，还包括排污费。本书的环境税收政策主
要是通过征收环境税、排污费，加大排污者违法成本，同时采取
减免税等税收优惠，引导和鼓励企业购买污染治理设施，实施技

术改造和节能减排，进而提高环境治理水平。

财税政策是目前政府最常用的环境治理经济手段。与"命令—控制"式手段、许可证交易等措施相比较，财税政策推动环境治理更具有灵活性、长期性，更加符合市场经济规律。

1.3.4 效率和效应

1.3.4.1 效率

在经济学中，"效率"是一个广泛应用的词语。它首先被亚当·斯密（Adam Smith）使用。经济学中，效率最普遍的含义是资源配置效率。在新古典经济学中，效率指的是对于某种经济的资源配置，如果不能在现有资源配置基础上，使所有人获得收益，那么至少要比开始时的情况好一些，最起码有人的情况要比开始时好一点，才出现最优资源配置，这是经济学家帕累托的效率含义。

同时，效率还有另外一层含义，就是两种同质东西的比较，用最小的投入达到一定的产出，或以一定的投入获得最大的产出，即产出最大化和成本最小化之间的统一。本书所研究的效率指的是第二层含义，并且把效率归入效应的内容进行分析。

1.3.4.2 效应

效应指的是由于某种原因产生的特定自然或社会现象。在描述社会现象时，可以泛指某种行为的发生和发展产生的影响、反应以及结果。在经济学中，常见的效应是经济效应。环境治理效应包含经济效应，经济效应是环境治理效应的中间环节，是财税政策发挥环境治理作用的重要体现。以环境税为例，经济效应的主要内容为：

（1）需求效应。商品的需求弹性大，征收环境税使得生产者不容易通过提高价格向前转嫁税负，消费者承担的税额就少。反之，商品的需求弹性小，征收环境税就容易税负前转，消费者承担的税额就会增大，导致商品的需求量下降，从而有利于改善或者减少对环境的污染。

（2）产出效应。环境税的产出效应是通过征收环境税影响生产者的生产量，从而控制污染物的排放量，推动生产者优化资源配置，从而减少对自然环境的破坏。因此，国家通过征收环境税，合理设计税率，能够使生产者改变经营策略，控制污染物排放量，有效治理污染。

（3）替代效应。首先，从生产的角度看，征收环境税使生产成本增加，消费者的消费数量下降，引致产品的生产总量下降。企业为了追求经济利益必然会调整产品结构，寻求替代品，生产无污染产品，朝着有利于环境治理的方面发展。其次，从消费的角度看，征收环境税导致消费品价格上涨，消费者会选择减少对相应课税消费品的购买量，转为增加对非税消费品的购买量，从而产生明显的消费替代效应，使高污染消费品的购买数量下降，最终达到减轻环境污染的目的。

本书研究的环境治理效应，指的是政府通过采取财政、税收等一系列政策措施，通过经济效应的中间作用，实现对环境改善的影响，并从影响分析中找出哪些政策措施的作用较明显，哪些政策措施的作用较弱，以此来衡量各个政策的有效性，并指明进一步政策改革的方向。

1.4 研究方法

（1）规范分析与实证分析相结合。首先，环境财税政策需要从体制层面深入挖掘其在各省（自治区、直辖市）之间作用效果的差异，及其背后深层次的制约因素，这些均需要规范分析的思辨性对其加以调整和确定。其次，存在环境污染溢出的情况下，运用空间计量分析方法，检验财税政策的环境治理效应，明确空间地理位置对环境治理效应的影响。

（2）从抽象到具体的分析方法。本书理论体系的分析过程，是一个从抽象到具体的过程。首先，分析环境财税政策的基本概念和分类，然后分析财税促进环境治理的作用机制，再根据统计数据分析中国财税政策的实施状况，最后对中国财税政策的环境治理效应及其影响因素进行实证分析，提出优化环境财税政策的建议，形成一个完整且合乎逻辑的理论框架。

（3）比较分析和历史分析相结合。比较分析是一种重要的经济分析方法。本书在对不同省（自治区、直辖市）之间财税政策的环境治理效应分析时，利用比较分析法。此外，运用历史分析法，从纵向的角度考察中国环境财税政策的发展变化历程，分析不同财税政策对环境治理的不同效果，增加了研究的现实感。

1.5 本书结构

本书共分6章。第1章为导言，第2章为财税促进环境治理的作用机制，第 3 章为中国环境财税政策的实施状况，第 4 章为财政政策的环境治理效应分析，第 5 章为税收政策的环境治理效应分析，第 6 章为结论与建议。本书主要内容安排如图 1－2 所示。

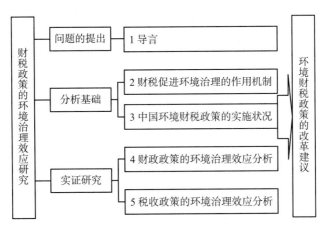

图 1－2　本书结构

本书具体内容为：

第 1 章为导言。介绍研究背景、国内外文献综述、主要概念界定、研究方法与本书结构、创新与不足。

第 2 章为财税促进环境治理的作用机制。首先，从财政治理投资、财政转移支付、政府绿色采购等方面，对财政政策促进环境治理的作用机制进行理论分析；其次，从征收排污费、征收环境税、税收优惠等方面，对税收政策促进环境治理的作用机制进行理论分析；最后，对环境财税政策与"命令—控制"行政手段、许可证交易手段进行比较。

第 3 章为中国环境财税政策的实施状况。财政政策方面，污染治理投资、财政转移支付以及政府绿色采购的规模不断扩大，对环境治理起到一定作用。但是，与教育、卫生等公共财政支出相比，与环境治理相关的财政支出在财政支出中占比相对较低，结构有待优化，发挥的作用有待加强。税收政策方面，征收资源税、消费税、城市维护建设税、城镇土地使用税和排污费等环境税费，起到了约束污染物排放的作用；给予生产者或者环保产业增值税、企业所得税等减免优惠，起到了激励节能减排的作用。但是，从总体效果看，由于各个税种设置的最初目的并不是环境治理，因此，在实践中发挥的约束和激励作用不理想，有待进一步改革。

第4章为财政政策的环境治理效应分析，是本书的研究重点。由于2007年环境保护支出才列入财政预算，缺乏细化的财政转移支付和绿色采购的统计数据，因此，本书选择用环境保护财政支出代表环境政策变量，建立一般面板模型进行回归分析，旨在研究中国财政政策的环境治理效应。考虑到污染溢出导致相邻地区环境污染的空间集聚性，建立空间计量模型对财政政策的环境治理效应进行回归分析，并将实证结果与面板分析结果对比。结果表明，两种模型中财政政策的环境治理效应均较为明显，增加环境保护财政支出能有效降低工业废水、工业二氧化硫和工业固体废物等污染物排放。然后，从"投入—产出"角度，对财政政策环境治理效率进行 DEA（Data Envelopment Analysis）分析，并且对影响效率的财政分权、公众参与等因素进行 Tobit 面板模型实证研究。结果表明，各省（自治区、直辖市）的环境治理效率差异较大，效率高低与其经济发达程度无关，与财政分权和公众参与等因素有关，各省（自治区、直辖市）应进一步采取有效措施提高环境治理效率。

第 5 章为税收政策的环境治理效应分析，也是本书的研究重点。主要从征收税费角度，对征收资源税、城市维护建设税、城镇土地使用税、耕地占用税和排污费等的环境治理效应进行面板数据回归分析，并对面板模型中的影响因素进行分析。考虑到污染具有溢出性，建立空间计量模型，对征收税费的环境治理效应进行实证研究，并且把实证结果与面板回归结果对比分析。结果表明，征收排污费作为中国目前环境治理的重要手段，不但没有起到应有的抑制污染作用，反而与污染物排放呈正相关关系，其他各个税种的环境治理效应各不相同。从税收优惠角度，对中国节能减排税收优惠政策的环境治理效率进行 DEA 实证研究。结果表明，各省（自治区、直辖市）税收优惠的治理效率差别较大，总体上效率普遍偏低，应进一步加大税收优惠政策的宣传力度，让生产者及时了解并用足优惠政策，实现税收优惠的激励目的。

第 6 章为结论与建议。财政政策改革方面，要继续增加财政支出规模、优化支出结构、提高污染治理投资效率；继续加大财政转移支付和政府绿色采购力度。税收政策改革方面分两步走：第一步，继续完善现有税费体系；第二步，开设新的环境税税种，重点是要合理设计税率，使生产者应纳税额高于治污成本，促使企业积极治理污染。同时，治理环境不能单靠财税政策，需要进一步加强财税政策与其他环境政策的组合及优化选择。

1.6　创新与不足

本书的创新之处为：

（1）财税政策的环境治理效应分析：一般面板模型。财政政策方面，以环境保护财政支出（包含污染治理投资、财政转移支付、政府绿色采购等手段）为解释变量，以工业废水、工业二氧化硫和工业固体废物排放量为被解释变量，加上财政分权等影响因素作为控制变量，进行财政政策的环境治理效应面板分析。结果表明，财政政策能有效抑制工业污染物的排放，环境治理效应较明显。

税收政策方面，基于约束机制，对征收资源税、城市维护建设税、城镇土地使用税、耕地占用税和排污费的环境治理效应进行面板分析，并且加入政府竞争、人口规模等影响因素作为控制变量。结果表明，中国大部分税费的环境治理效应不明显，需要进一步改革来促进环境质量改善。

（2）财税政策的环境治理效率分析：DEA 分析。环境治理效应包括基于"投入—产出"角度的效率分析，效率分析属于效应分析的一种。财政政策方面，以各省（自治区、直辖市）的环境基础设施建设投资、工业污染源治理投资和建设项目"三同时"环保投资为投入指标，以一般工业固体废物综合利用量和废气中烟尘、粉尘、二氧化硫的去除量为产出指标，对各省（自治区、直辖市）财政政策的环境治理效率进行 DEA 分析，在此基础上，对财政分权、公众参与、经济发展水平等对环境治理效率的影响进行 Tobit 面板分析。税收政策方面，以节能减排的减免税额和税收征管人员作为投入变量，以工业固体废物综合利用量和废气中烟尘、粉尘、二氧化硫的去除量为产出指标，对各省（自治区、直辖市）税收优惠政策的环境治理效率进行 DEA 分析。以上分析结果表明，各省（自治区、直辖市）的财政政策和税收政策的环境治理效率总体不高，而且省际间差异较大，有待进一步采取措施提高环境治理效率。

（3）基于污染溢出的财税政策环境治理效应分析：空间计量分析。环境污染具有溢出性，导致相邻省（自治区、直辖市）的环境污染具有空间集聚效应，因此，在面板分析基础上，还应该考虑空间地理位置对环境治理效应的影响。本书对工业废水排放量、工业二氧化硫排放量和工业固体废物排放量的空间相关性进行检验基础上，运用拉格朗日乘子检验，选择空间滞后模型分别对财政政策、税收政策的环境治理效应进行实证研究，并且把相应的影响因素作为控制变量一同进行分析。实证结果表明，财政政策的环境治理效应较为明显，但是，税收政策中资源税、城市维护建设税、城镇土地使用税、耕地占用税、排污费等的环境治理效应表现不一，税收政策的环境治理效应有待进一步改善。

（4）把财政政策和税收政策融合到一个体系，进行规范与实证分析。从研究内容上，以往单独研究环境税的文献较多，单独研究环境财政政策的文献较少，把财政政策和税收政策融合到一个体系中进行研究的文献相对更少。从研究方法上，以往的同类文献规范研究多，实证研究少。这些文献都为本书开展研究提供了很多启发和借鉴。本书将在此基础上，把财政政策和税收政策融合到一个体系，梳理财税政策的发展历程，对财政政策和税收政策的环境治理效应分别进行多方法、多角度的实证研究，并提出财税政策和其他环境政策优化组合的改革建议。

不足之处在于：

（1）由于中央对地方的财政转移支付以及其他财政支出类科目只有2007年之后的数据，无法进行时间序列分析，所以本书只对财政政策的环境效应进行省际面板分析。同时，针对地区之间的污染溢出问题，如何进行横向转移支付及其效应是否明显，将有待以后进一步深入研究。

（2）消费税属于环境税收政策的一个税种，但是，由于其属于中央税，因此在省际视角下没有对其进行面板分析，有待以后专门对消费税和其他税费政策进行分析。

（3）囿于数据限制，对跨国污染和国内越界污染治理效应没有涉及，有待以后进一步从理论分析角度进行深入研究。

2

财税促进环境治理的
作用机制

　　环境作为人类赖以生存的一种重要公共品，在全球范围内存在供给严重不足的问题，而且由于环境自身所具有的非排他性和非竞争性，使环境资源面临"公地悲剧"的侵扰。破解"公地悲剧"的关键在于政府在环境治理领域进行适当干预，一方面，通过污染治理投资等形式，增加环境治理基础设施供给，直接进行环境治理。另一方面，通过征收税费，提高排污企业的生产成本，减少污染物排放；通过减免税，鼓励企业改进生产技术、购买环保设备、循环利用废物、节能减排、转型升级等，间接进行环境治理。

2.1　财税促进环境治理的目标

　　政府制定和实施财税政策进行环境治理的理论依据是环境外部性和市场失灵。环境治理也是一种公共产品，具有外部性，行为主体追求自身经济利益最大化，往往导致其经济活动对其他人产生负面影响。在市场机制下，这种负面影响不能直接反映在价格体系中，不构成私人成本，最终导致私人成本低于社会成本。这部分差额成本由社会承担，最终导致"公地悲剧"，污染加剧。因此，市场机制对环境资源配置存在"失灵"现象，需要政府采取宏观手段进行调控和管理。

具体而言，财税促进环境治理的目标可以分为两类：经济目标和环境目标。关于环境政策的经济目标近年来研究得较多，一般遵循"成本—效益"原则，从产出水平、生产率、技术进步与创新能力、竞争力等层面，分析环境对经济的有利影响和不利影响，进而论证环境政策的经济增长目标。环境政策经济目标一般通过微观个体发挥作用，通过影响企业的价格、成本、产出变化率、利润率、人均技术使用费和研发支出等，进而影响企业的经济效果。环境目标不是零污染，而是在不干扰市场机制运行的前提下，把污染控制在环境承载能力范围内，促使废气、废水和固体废物排放达标，保证环境不对人体健康产生危害，保证空气、饮用水等产品质量符合相关环境标准，从而改善环境质量状况。

2.2 作用机制框架

环境财税政策作用机制的本质是"激励—约束"机制。具体可以归纳为两点：一是激励机制。政府通过直接进行污染治理投资，财政转移支付，政府绿色采购等财政政策，激励地方政府积极进行环境治理，鼓励企业生产环境标准产品。通过税收优惠政策，减轻企业生产成本，增强企业竞争力，优化环境生产要素的分配和使用，提高要素的利用率，促进环境质量改善。二是约束机制。通过征收税收、排污费约束经济粗放式发展，增加企业排污成本，督促企业提高能源利用率、降低污染物排放，促进产业结构优化升级。

图2-1阐述了财税政策促进环境治理的作用机制：财政政策主要有三种环境治理手段，分别是污染治理投资、财政转移支付和政府绿色采购。其中，污染治理投资一般不通过微观个体发挥作用；财政转移支付里面包含财政补贴、环境专项资金等，这二者一般通过微观个体发挥作用，纵向环境专项转移支付，和污染治理投资一样，也是发挥直接环境治理作用；政府绿色采购是政府通过大规模购买环保产品和环境公共服务，刺激企业生产环保产品和提供环境服务的积极性。

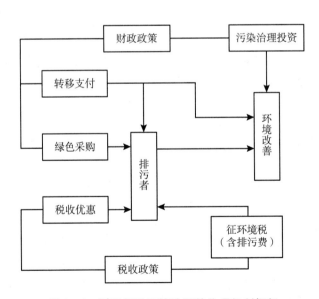

图2-1　财税促进环境治理的作用机制框架

税收政策促进环境治理的作用机制可以分为两个方面：征收环境税（含排污费）和税收优惠。征税可以把排污者产生的负外部性内在化，把导致的社会成本纳入私人成本，加重排污者负担，约束其污染物排放量。税收优惠通过降低私人生产成本，提高企业污染治理的积极性，从而促进节能减排。两者作用方向相反，但是目的一致，都是为了推动环境治理，改善环境质量。

2.3　财政促进环境治理的作用机制

2.3.1　污染治理投资

污染治理投资是治理环境的财政独有功能，具有明确的政策导向和意义，投资力度对污染治理投资规模和投资效率有较大影响。表现在：一是通过足够的投资，建立环境监管，保证各类主体履行污染治理的职责。二是可以平衡不同地域的环境治理水平，对于环境污染严重的地区，直接给予资金扶持，从而平衡区域间环境差异。

环境治理具有非排他性和非竞争性的特点，容易导致"搭便车"现象，即企业和个人一味追求私利，不愿参与环境治理。因此，污染治理投资作为政府履行环境治理职能的重要手段，将发挥改善环境质量的直接性作用。

以下借鉴斯托克（Stoke，1998）、泰勒（Taylor，2001）和黄菁（2011）的研究成果，考察污染治理投资对经济发展和消费者效用方面所起到的作用。假设不考虑人口增长，消费者为同质、无限期寿命，每个人既是生产者又是消费者。产品消费和环境污染对消费者分别产生正、负效用。将消费者效用函数设为：

$$U(C, P) = \frac{C^{1-\sigma} - 1}{1 - \sigma} - \phi \frac{P^{1+\theta} - 1}{1 + \theta} \qquad \phi, \sigma, \theta > 0 \qquad (2-1)$$

最终实际产出函数表示为：

$$Y = AK^{\alpha}H^{1-\alpha}(1 - \delta) \qquad 0 < \alpha < 1, 0 < \delta < 1, A > 0$$
$$(2-2)$$

其中，C 表示人均消费；P 表示环境污染；用于污染治理投资占产出的比例为 δ；A 表示技术进步；K 表示物质资本；H 表示人力资本。

环境污染的变化等于污染排放减去环境的自我净化能力，用 ω 表示环境对污染的自我净化能力，取值为正数。环境污染的运动方程设定为：

$$\dot{P} = AK^{\alpha}H^{1-\alpha}(1 - \delta)^{\beta} - \omega P \qquad \beta > 1, \omega > 0 \qquad (2-3)$$

其中，$\beta > 1$ 是为了保证污染排放与污染治理投资成反比。污染治理投资比例上升时，污染排放下降；反之，污染排放上升。

污染治理投资的目的是实现经济的可持续发展和消费者效用最大化。消费者效用函数最大化可以表示为：

$$\max \int_0^{\infty} e^{-\rho t} \left(\frac{C^{1-\sigma} - 1}{1 - \sigma} - \phi \frac{P^{1+\theta} - 1}{1 + \theta} \right) \mathrm{d}t \qquad (2-4)$$

其中，ρ 表示贴现系数。

现值汉密尔顿函数表示为：

$$H = \frac{C^{1-\sigma} - 1}{1 - \sigma} - \phi \frac{P^{1+\theta} - 1}{1 + \theta} + \lambda(Y - C - \tau K)$$
$$+ q\left[Y(1 - m)^{\beta-1} - \omega P \right] + \mu H \qquad (2-5)$$

分别对消费者效用函数式（2-4）和现值汉密尔顿函数式

（2-5）中的污染治理投资比例 δ 和污染排放 P 求偏导数，可得到污染排放 P 和污染治理 δ 的增长率：

$$g_P = \frac{1-\sigma}{1+\theta}g_Y \qquad (2-6)$$

$$g_\delta = \frac{(1-\sigma)(\theta+\sigma)}{\delta(1+\theta)(\beta-1)}g_Y \qquad (2-7)$$

其中，g_Y 表示产出 Y 的增长率。可以发现，随着经济发展，污染治理投资所占份额 δ 不断增加，这使得环境改善成为可能。同时说明，实现经济可持续发展需要不断加大污染治理投资，减少经济增长引致的污染排放。因此，权衡经济增长与环境质量，宁可放缓经济增长，也要保证环境质量得到持续改善。

2.3.2 财政补贴

财政补贴是政府转移支付的重要内容，本章以财政补贴为代表论述财政转移支付的作用机制。财政补贴是政府向生产者支付的财政拨款，是对生产和消费群体的正面引导。财政补贴之所以能作为环境治理的手段，基于三个方面考量：一是扶持因积极治理污染而在市场竞争中处于劣势的生产者，给予其适当的补偿，符合一般经济原则；二是促进低污染产品的消费，对相关消费者给予价格补贴；三是为了预防企图实施环境污染和破坏的行为，因为有些破坏环境的行为是由受迫于生计和贫困而引起的。比如，为了减少农民对森林的砍伐和草地的过度耕作，政府发放一定数量的粮食补贴，以资奖励。

财政补贴的形式分为两类：（1）一次性补贴。这是目前中国政府采用数量最多，拨款数额最大的一种方式。政府通过财政专户将款项直接拨付给生产者使用，支持其生产活动。（2）配套性补贴。政府通过合约向有资格享受政府补贴项目的企业和个人提供资金补助，即政府在一定期限内，按照有资格享受政府补贴项目相关服务和产品的购买数量，定期给予相关生产者和个人财政拨款。

财政补贴的作用机制为增加企业排污的机会成本，排放污染物不仅要被征收税费和接受其他处罚，而且还会丧失获取政府财政补贴的机会。因此，财政补贴能起到刺激企业改进技术、转型升级产品、减少对环境破坏的作用①。

2.3.2.1 生产者财政补贴

与一次性财政补贴相比，配套性财政补贴的环境治理作用更加灵活。以一次性财政补贴为例，对节能减排生产者的直接配额和对购买节能产品消费者的直接配额，及其各自所引发的市场供求均衡的变化，以及生产者和消费者的最终获益状况进行比较。

如图 2-2 所示，横轴表示生产者的产品产量 Q，纵轴表示生产者的产品价格 P，曲线 D 表示所生产产品的需求曲线 $Q_d = \alpha - \beta P$，曲线 S 表示所生产产品的供给曲线 $Q_s = -\gamma + \varphi P$。在政府不干预状态下，生产者按市场确定的行业利润率来确定产品价格，市场在 $Q_d = Q_s$ 的 E 点达到供求均衡，均衡价格为 P_0，均衡产量为 Q_0，供求均衡表示为：

---

① 当然，财政补贴也有缺陷。补贴使企业减少产量和污染排放，但是却有可能使整个行业污染排放增加。因为，补贴带来了利润，会吸引其他企业加入该行业，导致污染排放量增加，甚至抵消短期内污染的减少量，增加整个行业的污染量。

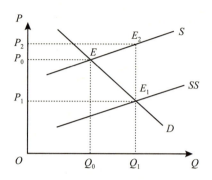

图 2 - 2   生产者财政补贴的作用机制分析

$$P_0 = \frac{\alpha + \gamma}{\beta + \varphi} \qquad (2 - 8)$$

$$Q_0 = \frac{\varphi\alpha - \beta\gamma}{\beta + \varphi} \qquad (2 - 9)$$

如图 2 - 2 所示，政府将配额财政拨款给生产者，则生产者在原有的市场均衡价格下，实际得到的产品售价提高，因此会刺激生产者增加产品供给量，供给曲线由 S 向右移动到 SS 曲线 $Q_{ss} = -\gamma + \varphi(P + \Delta P)$，形成新的均衡点 E_1，整个过程达成的新的供求均衡可以表示为：

$$P_1 = \frac{\alpha + \gamma - \varphi\Delta P}{\beta + \varphi} \qquad (2 - 10)$$

$$Q_1 = \frac{\alpha\varphi - \beta\gamma + \beta\varphi\Delta P}{\beta + \varphi} \qquad (2 - 11)$$

比较 SS 供给曲线和 S 供给曲线，市场均衡价格由原来的 P_0 下降为 P_1，均衡产量由原来的 Q_0 增加到 Q_1，生产者实际的供给价格为 P_1 加上财政补贴，即为 P_2。政府财政补贴规模为 $(P_2 - P_1)Q_1$，分别被生产者享受 $(P_2 - P_0)Q_1$，消费者享受 $(P_0 - P_1)Q_1$。由图 2 - 2 中的供求曲线弹性可见，对生产者的财政补贴的最后结果是消费者的间接补贴收益要多于带给生产者的。由此可见，对生产者补贴能够刺激企业积极生产环保产品，获取的财政补贴使得企业具有价格竞争优势，从而扩大市场销售份额，获取更多利润。

2.3.2.2 消费者财政补贴

如图 2-3 所示，政府对符合条件的消费群体提供环境达标的节能产品财政补贴，导致消费者购买相应产品支付的价格下降，消费量增加，需求曲线将由曲线 $D(Q_d = \alpha - \beta P)$ 移动到曲线 $DD(Q_d = \alpha - \beta(P - \Delta P))$。

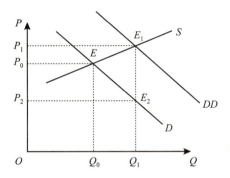

图 2-3　消费者财政补贴的作用机制分析

需求曲线的移动形成新的市场均衡点 E_1，根据 $Q_d = Q_s$，供求均衡价格和数量可以表示为：

$$P_1 = \frac{\alpha + \gamma + \beta\Delta P}{\beta + \varphi} \qquad (2-12)$$

$$Q_1 = \frac{\alpha\varphi - \beta\gamma + \beta\varphi\Delta P}{\beta + \varphi} \qquad (2-13)$$

在新的市场均衡条件下，市场均衡价格从原来的 P_0 提高到 P_1，消费量由原来的 Q_0 增加到 Q_1。由于消费者获得财政补贴，所以消费者的实际市场购买价格 $P_2 < P_1$，政府财政补贴规模为 $(P_1 - P_2)Q_1$。

政府财政配额补贴由生产者和消费者共同分享，其中，$(P_1 - P_0)Q_1$ 由生产者获得；$(P_0 - P_2)Q_1$ 由消费者获得。生产者和消费者哪一方享受得多，由产品供求弹性决定。由图 2-3 中的曲线弹性可以看出，消费者享受财政补贴比生产者要多。因此，配额补贴可以采用低价优势，刺激消费者积极购买环境产品，从而实现环境治理的目的。

2.3.3　政府绿色采购

政府绿色采购是环境财政政策的一个重要组成部分。从国际上看，美国、加拿大等国家均颁布了相关法律，要求优先采购经过环境认证的产品，日本政府甚至实行强制绿色采购政策。欧盟把政府绿色采购的内容界定为绿色产品、绿色技术应用、绿色功能、绿色采购过程四个方面。其中，绿色产品指的是原材料、加工、包装、物流运输及产品使用，对资源耗费和环境破坏，以及报废后的处理等都要绿色或生态化[1]。政府通过绿色采购，可以推广环境技术应用，鼓励环境友好产品研发[2]。

政府绿色采购已经成为宏观调控和产业调整的重要手段，其促进环境治理的作用机制为：一是政府绿色采购会对生产者"绿色生产"产生积极推动作用，生产者为了使政府成为大客户，会

---

[1]　朱庆华、田凤权：《影响绿色政府采购制约因素的实证分析》，载于《科技与管理》2011 年第 3 期，第 25~32 页。

[2]　European Commission. Green Public Procurement in Europe：Final Report ［EB/OL］，2006，http：//ec. europa. eu.

提高管理水平，改进生产技术，节约资源，增强产品绿色度，减少污染物排放，促进资源循环再利用，降低产品对环境和人体健康的负面影响。二是政府绿色采购可以促进环保产业的发展，形成可持续生产体系，培养绿色产品和产业，促进清洁技术发展。三是可以形成绿色消费市场，提高公众环境意识，引导绿色消费。

2.4 税收促进环境治理的作用机制

环境的正外部性可以带给其他经济主体利益，负外部性则带给其他经济主体损失。环境外部性所产生的成本或收益，不能通过市场价格反映出来，因此，外部性属于市场机制作用不到或者作用不了的范围，是"市场失灵"的表现。依靠市场自身调节既不能促进正外部性的扩大，又不能抑制负外部性的发展。

税收政策具有弥补"市场失灵"，促进资源有效配置的功能。税收促进环境治理的作用机制主要体现在激励和约束机制：一方面，通过加大对环保产业的税收优惠，降低节能产品、污染治理设备的生产成本，提高环保企业的生产积极性，以及其他企业的采购积极性，实现节能减排的目标。另一方面，通过征收税费，提高企业排污成本。当缴纳的税费高于企业治污成本时，企业自然就会选择治理污染，实现环境治理的目标。

2.4.1 征收环境税

征收环境税属于市场调节工具，通过市场信号刺激企业或个人进行环境治理，而不是通过环境控制标准和方法来约束生产或消费行为。如果环境税制度设计完善、执行严格，那么企业或个人在追求自身经济利益的过程中，既能实现环境政策目标，又能实现社会效益。

征收环境税，能减少环境污染，降低资源消耗，实现节能减排。具体体现在以下两个方面：一是对中间投入环节征税，对资源开发利用、原材料投入、产品生产等中间投入环节征税，会导致原材料价格上涨，成本提高，从而推动企业提高生产效率，减少能源消耗，或者生产企业把征税增加的成本，通过提高产品价格，转嫁给消费者，导致减少最终消费，实现节能减排。二是对最终消费环节征税，导致消费品价格上涨，消费者减少消费数量，从而达到降低能源消耗和节能减排的目的。以上两种途径实质上是通过价格变动引导社会行为改变。

征税对生产者的长期影响是促使其开展节能技术研究，提高投入品的利用效率，减少能源消耗，节约生产成本，同时，寻求其他非征税或低税投入的替代品。征税对消费者的长期影响是，消费者会减少对能源性或污染产品的消费，寻求其他节能环保替代品，从而刺激环保产业发展，带动经济转型和可持续发展①。生产过程不可避免会产生污染物排放，因此，征税不是杜绝污染物排放，而是在一定程度上促进生产者减少污染物排放。

税收促进环境治理的作用机制过程如下所示：

（1）不考虑污染外部性时，生产者选择一定的生产水平 q，

---

① 征税的实际影响还要考虑商品的需求弹性。必需品弹性小奢侈品弹性大，可替代品越多，性质越接近，弹性越大；反之则越小。购买商品支出在收入中比重大，弹性就大；比重小，弹性就小。商品用途越广，需求弹性越大；反之越小。同样的商品，长期看弹性大，短期看弹性小，消费者越容易找到替代品。

当生产者生产一个单位产品的边际收益等于边际成本时，生产利润最大化，使其净利润达到最大。生产者的利润函数表示为：

$$\pi_1 = pq - c(q) \qquad (2-14)$$

其中，π_1 是生产者利润；p 是产品的市场价格；q 是产量；$c(q)$ 是成本函数。

不考虑污染外部性，利润最大化的条件是：

$$MR = p = MPC \qquad (2-15)$$

其中，MR 是边际收益；MPC 是边际生产成本。

（2）考虑生产外部性时，需要把污染导致的社会损失内部化。当产量为 q 时，污染导致的社会损失为 $\phi(q)$，考虑到生产的外部性，生产者利润函数为：

$$\pi_2 = pq - c(q) - \phi(q) \qquad (2-16)$$

生产者通过 $MR = MPC + MSC$，即边际收益等于私人边际成本与社会边际成本之和，来确定利润最大化下的最优产量 q。即：

$$MR = p = MPC + MSC = C'(Q) + \phi'(q) \qquad (2-17)$$

将社会边际成本纳入生产者决策，引导生产者逐步减少生产对环境有危害的产品，直到边际收益等于私人边际成本和社会边际成本之和。政府促进生产者把社会边际成本内化的方法，一般是设置与生产排放物所导致的社会边际损失相等的排污税税率 t[①]。

此时生产者利润函数为：

$$\pi_3 = pq - c(q) - tq \qquad (2-18)$$

生产者的最优产量满足公式：

$$MR = p = MPC + MSC = C'(Q) + t \qquad (2-19)$$

----

① 在这里，t 为固定税额形式。

在征税作用下，生产者不得不将其污染排放产生的外部损失内部化，从而实现私人最优污染水平与社会最优污染水平一致，达到环境治理的目的。

下面从企业成本的角度，进一步研究税收促进环境治理的作用机制中税率的影响。对于进行污染排放的企业而言，其成本共有三部分组成：生产成本（C_1），C_1 与产量正相关关系；治污投资（C_2）；征收的环境税收（C_3）。

成本函数表示为：

$$C = C_1 + C_2 + C_3 \qquad (2-20)$$

征收税收对企业形成的负担为：

$$C_3 = q(C_2) \times Q \times t \qquad (2-21)$$

其中，$q(C_2)$ 为单位排污量，与治污投资呈负相关，治污投资高，单位产品的排污量下降；反之，治污投资低，单位产品的排污量增加。t 为单位排污量对应的税额，$q(C_2) \times Q$ 为总排污量。

企业利润函数为：

$$\prod = pQ - (C_1 + C_2 + C_3)$$
$$= pQ - C_1(Q) - C_2 - q(C_2) \times Q \times t \qquad (2-22)$$

当 p，Q，t 确定时，C_2 对利润起决定作用。

$$\frac{\partial \prod}{\partial C_2} = 1 + t \times \frac{\partial Q}{\partial C_2} = 0 \qquad (2-23)$$

$\frac{\partial Q}{\partial C_2} = -\frac{1}{t}$ 时，企业实现利润最大。当 t 增加时，$\frac{\partial^2 Q}{\partial^2 C_2} > 0$，说明增加治污成本可以使企业获得更多利润。可以看出，税率 t 越高，企业污染物排放越少，能发挥征收税收的环境治理作用。当然，税率不能无限的高，要掌握一个度，税率过高，容易伤及税源。

综上所述，合理设定污染排放的环境税税率，可以发挥税收的市场调节作用，抑制生产者的污染排放。在追求自身经济利益最大化的导向下，如果政府征税高于生产者的边际治理成本，生产者就会选择治理；反之，如果征税单位税额低于生产者边际治理成本，生产者就会选择缴纳税费。因此，要实现税收的环境治理作用，必须使单位税额高于生产者边际治理成本。

2.4.2 征收排污费

排污费是指按照相关法律规定，向环境排放污染物超过规定标准应缴纳的费用。排污费的作用机制与征税相似，如果使排污收费的价格高于生产者边际治理成本，生产者就会选择治理；如果低于边际治理成本，生产者就会选择缴纳排污费，并继续排放污染物。可见，排污费的作用机制能否实现关键在于收费标准的确定。

排污收费起源于德国。德国在 1904 年就实行了排污收费制度，1976 年，德国制定了世界上第一部征收排污费的法律——《向水源排放废水征税法》；1981 年，德国对向公共水域排放污染物的企业和个人开始收费，并且参照不同污染物的数量制定不同的收费标准。经济合作与发展组织（OECD）1994 年的一项研究报告表明，世界上大多数国家已经建立排污收费制度，收费范围包括废气排放、污水排放、固体废物排放以及土壤污染、飞机噪声等。

在不收排污费的情况下，生产者按照 $PMR = PMC$，即私人边际收益等于私人边际成本原则确定最优产量。由于生产者都是

"经济人"，追求自身利益最大化，导致在其确定的最优产量下，出现过度污染排放。

排污收费推动生产者进行环境治理的作用机制为：排污收费刺激生产者进行污染削减技术革新。排污费标准提高，生产者为了获得原有的既定利润，会主动改革生产技术，特别是污染削减技术。通过提高管理效率、改进生产技术，降低单位产品生产成本，从而提高经济效率，扣除污染削减费用后的实际私人净收益就会相应提高。

征收排污费的社会边际成本（SMC）减去私人边际成本（PMC）等于边际损害成本（MDC），即征收排污费的外部成本内部化，由生产者以缴纳排污费的方式支付。在排污费的影响下，生产者考虑到边际损害成本后，会把私人边际成本增加到社会边际成本。这时，生产者确定的产量从根据 $PMR = PMC$ 确定的产量减少到根据 $SMR = SMC$ 确定的产量，产品供不应求，均衡价格上升。此时的均衡价格下，生产者、消费者支付的货币足以弥补损耗的资源成本和外部损害成本，均衡数量下的产出是有效率的。由此可见，通过排污收费减少生产者获利空间，促使生产者为了获取更多利润，不得不减少污染排放，从而实现私人最优与社会最优的统一，实现环境治理的目标。

2.4.3 税收优惠

环境税收优惠是指政府利用税收杠杆，基于环境治理目的，通过补贴纳税人节能减排活动或者直接补贴特定纳税人，减轻纳税人税负的税收政策。西方各国把税收优惠政策广泛应用于环境技术研发和转让，促进环境产业发展，防止国外污染项目进入本国。环境税收优惠的目标是促进环境科技进步，加快环境基础设施建设，鼓励节能减排，统筹区域发展，进而促进国民经济全面、协调、可持续发展。

环境税收优惠的作用机制为，政府通过实施减免税的优惠政策，牺牲部分税收利益，让利于纳税人，减轻纳税人税负，刺激纳税人积极研发环保技术、生产环保设备、提供环境服务。本质上，税收优惠是一种虚拟的政府财政支出，是政府实现环境治理公共政策目标的一种重要方法[①]。税收优惠在环境治理中起到了引导和激励作用，从长远看，这个手段应该成为促进环境治理的重要手段[②]。

具体的作用机制为：

直接税收优惠通过实施加速折旧、延期纳税、税收抵免等形式直接减轻企业负担，并对其进行税收激励。间接税收优惠通过对环保产业[③]实施优惠税率、降低计税依据等间接减免税形式进行激励，减轻其他企业购买环保服务和环保设备的成本。环保产业包括三个方面：一是生产经营环保设备或产品（主要指废水、废气、固体废物的治理设备、噪音控制设备、放射性与电磁波污染防护设备、环保监测设备等）。二是综合利用资源（主要指废渣、废水、废气的综合利用，废旧物资回收利用等）。三是提供公共环境服务（主要指污染削减技术、环境管理、污染削减工程设计和施工等各种服务）。综上，从长期来看，间接税收优惠的发展空间更大，因为在治理环境的同时，可以拉动新的经济增长

---

①　按财政学理论，税收优惠属于财政支出中的财政转移支付。但是，鉴于税收优惠属于税收政策的法定内容，因此，本书放在税收政策里来写。

②　当然，税收优惠在环境治理中发挥作用，还离不开政策的宣传和严格执行。

③　环保产业是以防治污染和改善环境为目的进行的各种专项生产经营活动。

点即环保产业发展。

2.5 环境政策比较分析

针对复杂的环境污染问题，除了财税政策外，还有多种类型环境政策工具，比如强制性管制、市场机制下许可证交易等。与管制政策、许可证交易等环境政策相比，财税手段具有较大的灵活性，有着明显的比较优势。

2.5.1 财政政策和税收政策比较

在政府的环境治理政策中，财政政策和税收政策就像是"两只手"。财政政策这只手在前面拉，税收政策这只手在后面推。财政政策侧重于正面引导和推动，比如，对于污染严重的地区，政府通过污染治理投资直接对环境治理进行干预，环境效果较好。对于某些微观个体的环境治理行为，通过转移支付或者绿色采购给予政府扶持和补贴，从而激励和肯定企业的环境治理行为。税收政策一方面强调利益驱动，通过作用于微观个体，引导其顺应税收优惠的立法精神，把资源投向有利于环境治理的方向，改进生产技术，促进节能减排。另一方面通过加重企业税负，约束企业排污必须在政府规定的范围内。如果超出范围，就会缴纳更多税费和罚款，导致成本增加，利润空间下降。

综上所述，财政政策倾向于投入、税收政策倾向于优惠返还，在国家环保财政投入有限的背景下，充分发挥好财政和税收两个方面作用，更有利于实现对生态环境的保护，扬长避短，实现和谐发展。

2.5.2　财税政策和管制手段比较

管制手段是政府根据环境保护的相关法律法规，以强制性控制和命令的方式，对生产工艺或者使用材料及产品进行管制，禁止或限制生产者排放污染物，规定生产活动要限制在一定范围内，从而直接影响生产者的环境行为。比如，紧急环境事件的解决，不能依靠市场协商和征税，此时依靠强制手段是唯一有效的选择。特别是污染严重超过环境容量时，及时采取管制手段非常有效[①]。

与财税手段比较，管制手段的局限性为：

一是手段僵硬，缺乏激励机制。管制手段下，污染者没有选择余地，这种手段没有激励污染者去研究能够达到污染控制目标的有效方法。由于污染者之间不能交易污染削减量，因而污染者得不到任何激励去开发环保新技术。以法规来控制并不能促使企业减少标准要求的污染，而财税方法则可以实现（Hahn，1989）。

二是政府制定环境标准缺乏灵活性，不能对不同企业之间的污染处理能力和技术改造能力差异进行区别对待，对新的环境状况变化和新技术采用难以做出快速反应，甚至由于信息不对称和环境标准的更新不及时，导致盲目干预企业生产，影响正常生产经营。

三是执行成本高。管制手段需要大量信息，在信息不对称或

---

① 比如，管制手段在淮河流域治理中发挥了主要作用。政府通过"关、停、并、转"一批污染大户，达到环境治理的效果。可以说，如果没有政府的强制手段是无法成功的。

信息不完全情况下，政府不可能获取企业技术的完全信息，也不像财税手段那样允许市场将污染治理配置在成本最低的地方（Eskeland & Jimenez，1991）。而且，管制过程中，各经济主体和政府之间容易发生寻租腐败，导致管制效率降低，难以起到良好的环境治理效果。

2.5.3　财税政策和许可证交易比较

许可证交易是对污染物排放进行总量控制的市场工具。一般由政府向企业发放排放许可证，明确规定其排放的污染物数量[①]。随着生产规模和生产技术水平的变化，排污者可以通过许可证交易自主决定买入或卖出排污权：技术水平低、效益差的污染者，治理污染成本高于排污量的价格时，企业选择购入排污权；反之，如果污染者的技术水平高、经济效益好，可以选择出售部分排污权，换取一定的经济利益。可见，许可证交易可以使社会污染控制成本最小化，优化社会资源配置。

与财税政策相比较，许可证交易的优点为，政府只进行总量控制，不干预企业经营决策，不干扰市场机制的调控作用，刺激企业改进污染削减技术。当然，许可证交易也存在不足：一是政府如何做到公平合理地分配初始排污量较为困难。由于排污量对于企业非常重要，企业会努力争取获得较多的初始排污量，这中间难免会发生权力寻租行为，扭曲许可证交易的作用机制。二是交易成本高，限制了许可证交易。特别是当双方交易成本高过各

---

① 许可证可分为两种形式：拍卖式，即政府拍卖而后交易；赠与式，即政府免费分配而后市场交易（Bernstein，1993）。

自期望实现的利润时，许可证交易就难以达成。三是许可证交易是污染排放总量控制，对已经形成的污染排放量的减少缺乏激励。因为环境治理费用对于生产者而言是一种纯支出，不能带来收益，所以生产者担心未来扩大生产规模会导致污染排放增加，因此即使目前已经节省下排污权，也会惜售，从而市场上个体生产者之间许可证交易成功的较少，导致排污许可证的环境治理机制失去发挥作用的机会。

通过对财税政策、管制手段以及许可证交易的比较分析可以发现，单一的环境治理政策工具总会存在一定的失灵和缺陷。要立足生态环境的污染状况和环境治理的实际情况，建立多种政策手段相互配合、共同作用的长效环境治理机制，推动环境治理工作更加科学合理、切实可行。

2.6 本章小结

本章首先从污染治理投资、财政转移支付、政府绿色采购等方面，对财政政策促进环境治理的作用机制进行理论分析；其次从征收排污费、征收环境税、给予减免税收优惠等方面，对税收政策促进环境治理的作用机制进行理论分析。最后对环境财税政策与"命令—控制"行政手段、许可证交易手段进行比较。

以后的章节将在理论分析基础上，对中国环境财政政策和环境税收政策的实施状况进行阐述，并基于省际视角对财政政策和税收政策的环境治理效应及其影响因素进行一般面板分析、空间计量分析和数据包络分析，并以此为基础，提出财税政策的改革建议。

3

中国环境财税政策的
实施状况

3.1 环境财税政策框架

2005 年，在全球 146 个国家和地区的环境可持续指数（En-
vironmental Sustainability Index，ESI）排名中，中国位居第 133
位。2006 年，在参与排名的 133 个国家和地区中，总得分 56.2
分，位居第 94 位①。2008 年，在参与排名的 149 个国家和地区
中，总得分 65.1 分，位居第 105 位。2010 年，在参与排名的
163 个国家和地区中，总得分 49.0 分，位居第 121 位②。以上数
据说明，和世界其他国家相比，当前中国环境状况较差，中国在
水资源利用、空气污染治理、酸雨和温室气体排放以及资源和废

---

① 满分为 100 分，下同。
② 曹颖、王金南、曹国志、曹东：《中国在全球环境绩效指数排名中持续偏后
的原因分析》，载于《环境污染与防治》2010 年第 12 期。

弃物管理等环境治理方面都存在很多突出问题，需要采取措施，加大环境治理力度，改善环境状况。

环境财税政策综合运用价格、税收、收费等经济手段，按照价值规律要求，调节或影响经济主体的市场行为，目的是实现经济社会发展与自然、生态环境相互协调。因此，这些政策具有激励约束、筹集资金、协调经济利益关系等功能，在市场经济条件下，又是实施可持续发展战略的重要内容。目前，中国环境财税政策主要内容包括财政政策和税收政策。财政政策主要是指财政支出手段，包括污染治理投资、财政转移支付、政府绿色采购等。税收政策包括发挥约束作用的各种税，主要为资源税、消费税、城市维护建设税、城镇土地使用税和耕地占用税；发挥激励作用的税收优惠主要来自增值税、企业所得税等。排污费具有税收性质，因此归入税收政策研究（见表3-1）。

表3-1　　　　　　中国主要环境财税政策一览

类别	具体内容
环境保护财政支出	污染治理投资
	财政转移支付①
	政府绿色采购
征收税收	资源税
	消费税
	城市维护建设税
	城镇土地使用税
	耕地占用税

---

① 转移支付主要包括环境保护专项资金和环境财政补贴。

续表

类别	具体内容
征收排污费	污水排污费 二氧化硫排污费 超标排污费 污染赔款和罚款
税收优惠	增值税 企业所得税 资源税 城市维护建设税

3.2　促进环境治理的财政政策

随着中国经济快速发展，环境污染问题日益凸显，治理压力不断加大。财税政策作为政府治理环境的重要方式和手段，具有严肃性和灵活性相统一的特点，既能体现政府意志，又能遵循市场规律。环境财政政策主要包括污染治理投资、财政转移支付以及政府绿色采购等。本章按照从一般到特别的规律，先综合阐述环境保护财政支出①总体情况，再分别阐述污染治理投资、财政转移支付和政府绿色采购等内容。

3.2.1　环境保护财政支出

财政支出是指国家将筹集起来的财政资金进行分配使用，以满足政府履行公共职能，进行经济建设和各项公共建设的需要。

---

①　这里使用"环境保护财政支出"一词，是为了与财政预算科目保持一致性。

财政支出的内容为环境保护、公共安全、外交、国防、教育、科学技术、文化体育与传媒、社会保障和就业、医疗卫生、城乡社区事务、农林水事务、交通运输、金融监管支出、国土气象等事务、住房保障支出、粮油物资储备管理等事务、国债付息支出等方面。环境保护财政支出是国家财政支出的一部分，对环境治理起重要作用。

3.2.1.1　财政支出规模

环境保护财政支出是政府履行环境治理职能的重要保障。随着经济发展，中国的环境财政支出总额、环境支出占 GDP 的比例以及占固定资产支出比例等均呈上升趋势。从发达国家经验看，发达国家的环境保护支出占 GDP 的比例一般为 1% ~ 2%，例如，美国为 2%，日本为 2% ~ 3%，德国为 2.1%。从表 3 - 2 可以看出，中国环保财政支出从 2007 年的 995.82 亿元增加至

表 3 - 2	2007 ~ 2012 年环境保护财政支出		单位：亿元
年份	国家环保支出	中央环保支出	地方环保支出
2007	995.82	34.59	961.23
2008	1 451.36	66.21	1 385.15
2009	1 934.04	37.91	1 896.13
2010	2 441.98	69.48	2 372.5
2011	2 640.98	74.19	2 566.79
2012	2 963.46	63.65	2 899.81
平均增长率（%）	59.5	36.8	60.3

资料来源：相关年份《中国统计年鉴》。本章以下未特别注明来源的数据均来自相关年度《中国统计年鉴》、《中国税务年鉴》、中经网统计数据库和《中国环境统计年鉴》。

2012 年的 2 963.46 亿元，平均增长速度为 59.5%；中央环保支出从 34.59 亿元增加到 63.65 亿元，平均增长速度为 36.8%；地方财政环保支出从 961.23 亿元，增加到 2 899.81 亿元，平均增长率为 60.3%，地方环保支出增长率比国家和中央的高。中国环境保护财政支出规模虽然一直在增加，但是占 GDP 的比重不足 1%，与欧美发达国家相比，明显偏低。

财政支出规模小的主要原因是在现有的财政管理体制下，资金来源单一。目前环境保护财政支出资金来源主要为政府财政拨款，其他融资渠道相对较少，民间融资所占比例非常低，导致环保财政支出不能满足环境治理的需求，资金问题已经成为制约环境治理的瓶颈。

3.2.1.2 财政支出结构

中国的财政支出结构有待完善，应逐步提高环保财政支出占总财政支出的比重。2012 年，累计公共财政支出总额 12.57 万亿元，财政支出各个项目中占比最高的前 3 项分别是：教育支出 16.84%、社会保障和就业支出 9.98%、农林水事务支出 9.47%；而排序最低后 3 项分别为：文化体育与传媒支出 1.79%、科学技术支出 3.52% 和节能环保支出 2.33%①。

从财政支出增长率来看，增长最慢的为节能环保财政支出，2012 年比 2011 年仅增长 11%②，而同期教育支出增长率为 28.3%。由此可见，环境保护作为公共支出科目，在财政资金投

---

① 资料来源：相关部分《中国统计年鉴》。
② 《环保投入需要有力的财政制度保障》，载于《中国环境报》2013 年 8 月 16 日。

入上与其他公共财政支出项目差距很大①。节能环保支出的财政资金比重较低，将直接影响环境质量改善，限制对社会环境治理资金的拉动效应，导致资金投入总体偏低。

3.2.2 污染治理投资

污染治理投资不同于环保财政支出。污染治理投资是指在污染源治理和城市环境基础设施建设的资金投入中，用于形成固定资产的资金。其中污染源治理投资包括工业污染源治理投资和"三同时"项目环保投资两部分。污染治理投资是城市环境基础设施投资、工业污染源治理投资与"三同时"项目环保投资之和。

随着中国对环境治理工作重视程度的提高，污染治理投资总体上呈增加态势（见图3－1），2007年以后增加幅度更明显。1991年国家投入环境治理资金为170.1亿元，占当年GDP比例为0.78%；1999年环境治理资金占GDP比例首次突破1%；2011年，这一比例达到1.4%。2012年污染治理投资增加到8 253.46亿元，占GDP比例为1.59%。从1991年到2012年，污染治理投资总额增加了47.5倍，但是在GDP中占比仍然较低。"十一五"期间，中国污染治理投资总额为21 623.1亿元，仅占GDP的1.4%，占全社会固定资产投资的2.3%②。比照国际经验，中国污染治理投资需求与实际投入的资金缺口仍然较大。

① 2012年我国教育支出与节能环保支出相差6倍以上。
② 资料来源：相关年份《中国统计年鉴》。

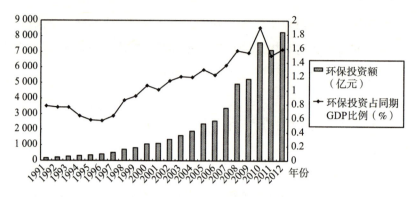

图 3-1　1991~2012 年中国污染治理投资

3.2.3　财政转移支付

　　财政转移支付是指各级政府之间为解决财政失衡而通过一定的形式和途径转移财政资金的活动，是用来补充公共物品而提供的一种无偿支出，是政府财政资金的单方面无偿转移，体现了非市场性分配关系，是二级分配的一种手段。

　　财政转移支付是实现地区环境公平的必然要求。目前，中国各地区环境不公现象较为严重：河流上下游地区环境保护与受益不均、东西部地区环境资源利用与环保责任承担不协调等，环境的地区差距逐年扩大，严重影响经济、社会、环境的和谐统一。财政转移支付手段对于实现各地区环境的均衡发展极其重要。

　　在多年的环境治理改革实践中，中国财政转移支付资金规模持续扩大，结构不断优化，在环境治理方面发挥的作用越来越大。一般转移支付主要是中央对地方的财力补助，不指定用途，地方可自主安排支出，目的是弥补财力薄弱地区的资金缺口，均衡地区间财力差距。专项转移支付是中央财政为实现特定的宏观政策和事业发展目标，以及委托地方政府代理行政事务进行补偿而设立的资金①。环境治理的财政转移支付主要为专项转移支付。
环境专项转移支付是中央对地方政府环境治理事权的专项补助，
主要用于地方政府加快发展环境保护事业，进行地方环境污染治
理，改善生产生存环境，这符合中央宏观调控和建设"美丽中
国"的目标。

　　从中央和地方政府的环境保护支出占同级政府财政支出的比
例（见图3-2）可以看出，地方环保财政支出占比最高。例如，
2007年中央环境保护支出②占本级财政支出比例仅为0.3%，地
方环保财政支出占本级财政支出比例为2.51%；2012年比重分
别为0.34%和2.71%。这表明，环境治理事权主要依靠地方政
府完成。

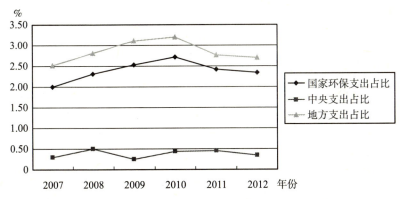

图3-2　2007~2012年环境保护支出占同级财政支出比例

　　地方政府环境治理财政支出的资金来源，除了地方财政收入

---

　　① 王鹏：《财政转移支付制度改革研究》，http://cdmd.cnki.com.cn/Article/
CDMD-10183-1013117951.htm。
　　② 含税收返还和转移支付。

外，主要依靠中央对地方的环境保护专项转移支付。中国 2010
年环境保护专项转移支付为 1 373.62 亿元，2011 年为 1 548.84
亿元，2012 年为 1 934.77 亿元（见表 3 - 3）①。其中，污染防治
项目支出从 2010 年的 263.93 亿元，增加至 2012 年的 298.37 亿
元；污染减排项目支出从 2010 年的 184.59 亿元，增加至 2012
年的 261.07 亿元。能源节约利用的增幅最明显，从 2010 年的
281.7 亿元，增加至 2012 年的 594.2 亿元。这说明财政转移支
付手段在环境治理中发挥着越来越重要的作用，特别是用于扶持
资源节约利用方面的专项支出增加尤为明显，这也凸显了环境保
护的重点在于资源节约利用。

表 3 - 3　　　　2010～2012 年环境保护专项转移支付　　单位：亿元

年份 项目	2010	2011	2012
环境监测与监察	6.41	4.76	—
污染防治	263.93	286.16	298.37
自然生态保护	36.54	49.28	61.97
天然林保护	58.39	138.35	138.14
退耕还林	337.65	297.79	280.33
风沙荒漠治理	27	33	35
退牧还草	33.15	19.74	19.74
能源节约利用	281.7	358.38	594.2
污染减排	184.59	185.28	261.07
可再生能源	100.81	115.65	163.55

①　2013 年中央对地方政府环境保护支出的转移支付预算达到 2 007.57 亿元，预
算数为 2012 年实际执行数的 103%。

项目 \ 年份	2010	2011	2012
资源综合利用	42.54	58.41	82.15
其他环境保护支出	0.91	2.04	0.25
共计	1 373.62	1 548.84	1 934.77

注：根据财政部数据整理。

　　在财政转移支付中，不可忽视的一个重要手段——财政补贴。财政补贴作为无偿的政府转移性支出，以补助、贴息等形式激励企业和消费者提供或者购买环保产品，并进行污染控制，是对环境行为的正面引导。环境财政补贴的形式主要有两种：（1）直接性财政补贴，如政府按排污者治理污染的努力程度给予资金补贴，治污效果好的给予更多补贴，治污效果差的给予较少补贴，激励企业为争取更多补贴而进行污染治理，实现较好的治理效果。（2）间接性财政补贴，政府对于购买认证的环保节能产品的消费者给予购买补贴，引导消费者购买节能产品，从而刺激相关企业生产市场需求的产品。政府通过提供财政补贴的方式，调整产品相对价格，降低环保节能产品的市场价格，提升相关行业利润，引导生产行为或消费行为，从而改变资源配置结构和产品供需结构。

　　在财政转移支付中，还不可忽视另一个重要手段——环境保护专项资金。为切实加强环境保护工作，提高环保资金使用效益，各级政府制定环境保护专项资金转移支付管理暂行办法。环保专项资金一般由省级财政预算安排，主要用于污染防治、农村环境保护、总量控制等环保工作。专项资金支持范围主要包括：一是重点污染源治理项目、重金属污染防治项目、清洁生产项目；二是重点区域环境综合整治和污染集中控制项目；三是总量控制项目；四是污染防治新技术、新工艺、新设备的推广应用项目；五是环境污染治理示范工程和集中式饮用水源地污染治理项目。根据上一年环境污染物总量控制情况、环境质量情况、地方政府环保专项投入情况和专项资金绩效自评情况，作为本年度核实分配环境保护专项资金的主要因素，以此督促地方政府加大环境治理力度。

财政转移支付的不足之处在于，中央对地方的纵向转移支付的效率，以及资金的监管有待进一步提高和加强；对于地区间的污染溢出，缺乏对应的横向转移支付制度，导致各省（自治区、直辖市）完全不考虑导致的相邻省份污染问题，对此现象，转移支付政策制度有待进一步改进。

3.2.4　政府绿色采购

中国"十二五"规划纲要指出，要树立绿色、低碳发展理念，以节能减排为重点，加快构建资源节约、环境友好的生产方式和消费模式，增强可持续发展能力，改善环境质量，防范环境风险，维护群众环境利益。政府绿色采购通过优先购买对环境影响较小的产品，促进生产者和消费者环境行为改变，从而进一步推动循环经济发展。

政府绿色采购概念和实践起源于德国、挪威、瑞典和美国等发达国家，在实践中取得了较好效果。欧盟绿色采购占公共采购比例为 19%，瑞典为 50%，丹麦为 40%，德国为 30%[①]，而中国绿色采购占比仅为 5%，远没有实现政府绿色采购应发挥的作用。

3.2.4.1 政府购买环保产品

中国于 1993 年实行了绿色产品标志体系，到现在已初步形成了 50 多类的绿色产品标准体系和技术规范，发展了 1 000 多家企业，21 000 多种产品和 900 亿元产值的环境标志产品群体[②]。2002 年制定了相应的绿色采购政策，鼓励以市场手段进行环境保护。2002 年 6 月，《中华人民共和国政府采购法》发布，第九条提出"政府采购应当有助于实现国家的经济和社会发展政策目标，包括保护环境"。这就为政府绿色采购提供了切实的法律依据。2007 年年初，中国公布了第一份政府采购"绿色清单"。2008 年，《政府采购法》规定，政府采购应当有助于实现节约能源、保护环境等目标，国务院有关部门印发了《节能产品政府采购实施意见》、《关于环境标志产品政府采购实施的意见》以及节能产品（即环境标志产品）政府采购清单。这些政策规章的出台，有利于推进政府绿色采购，发挥环境治理的作用。比如，北京市机动车尾气占北京市大气污染的 1/3 以上。若政府全部采购符合环境标志标准的低油耗汽车，将会减少 30% 以上的尾气排放。采购环境标志汽车将有利于减少污染物排放，减轻污染物对人体健康的危害。每年减少 80 万吨引致肺部疾病的氮氧化物，

---

① 朱庆华、田凤权：《影响绿色政府采购制约因素的实证分析》，载于《科技与管理》2011 年第 2 期，第 26～31 页。

② 侯芳森：《绿色采购研究》，http://cdmd.cnki.com.cn/Article/CDMD-10036-2007074736.htm。

100 万吨致癌碳氢化合物和 800 万吨的剧毒一氧化碳, 从而实现经济、社会、环境的多赢①。

3.2.4.2 政府购买环境服务

2013 年 7 月 31 日, 国务院总理李克强要求积极推进政府购买公共服务, 部署加强城市基础设施建设。会议确定的多个重点任务中, 有 50% 与环境领域相关, 充分体现了环境公共服务在整个公共服务中的重要地位②。

政府采购环境服务是政府实现"小政府、大社会"职能转变的较好选择, 其实质是以市场的手段"放权", 社会组织提供公共服务, 这是加快政府职能转变、激发社会管理活力的重要途径。通过引入市场竞争机制, 政府可以购买价廉质优的公共服务, 既能提高公共环境服务水平, 改善环境质量, 又能缩小政府财政支出规模, 是政府、企业与社会合作开展公共服务的有效形式。政府购买环境服务刚刚起步, 在未来将是应对公共环境服务体系供给不足、政事不分、服务水平和效率低下等问题的一个主要途径。

3.2.4.3 政府绿色采购的不足

政府绿色采购存在三点不足: 一是政府绿色采购的资金和数量规模比较小。由于采购预算有限, 导致政府重点关注购买产品

---

① 周国梅、陈燕平、夏光:《政府绿色采购制度的政策作用机制》, 载于《经济政策》2007 年第 8 期, 第 41 ~ 43 页。

② 比如, 加强市政地下管网建设和改造; 加强污水和生活垃圾处理及再生利用设施建设; 加强生态环境建设, 提升绿地蓄洪排涝、补充地下水等功能。参见肖琼:《政府采购公共服务下的环境服务业形势》, http://news.solidwaste.com.cn/view/id_49041, 2013 年 8 月 8 日。

和服务的价格、质量、供货时间，忽略了产品和服务的绿色环保程度。产品和服务的绿色程度越高，研发成本和产品价格相应的也就越高，对于有限的财政预算而言，很难给予必要的价格倾斜。另外，对绿色产品和服务的经济效益，囿于人、财、物和技术的限制，无法进行准确测量，制约了政府绿色采购的实施力度和范围。二是政府绿色采购的资金预算不公开。缺少规范的购买流程，公开竞争未成为一般原则，信息不公开导致监管不到位。三是采购双方的地位不平等。采购中存在职权介入和权力寻租的空间，导致企业参与度低，竞争不充分，绿色采购的节能环保功效受到制约。

3.3　促进环境治理的税收政策

本书促进环境治理的税收政策是个广义的概念，包括征收资源税、消费税、城市维护建设税、城镇土地使用税、耕地占用税等含有环境治理条款的税种，以及具有税收性质的排污费。

3.3.1　征收环境税

3.3.1.1　征收消费税

中国于 1994 年开征消费税，主要目的是调节消费结构，引导消费方向，贯彻国家消费政策和产业政策，增加财政收入。环境治理不是消费税的最初目的，随着经济发展和环境污染日益严重，消费税环境功能开始显现，消费税收入也逐年增加

（见图3－3）。

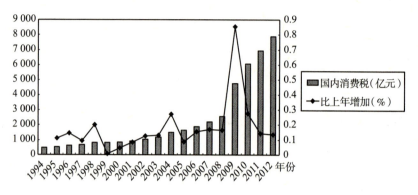

图3－3　1994～2012年中国消费税税额和增长率

1994年消费税共有11类税目，其中与环境有关的税目有鞭炮烟火、汽油、柴油、汽车轮胎、摩托车、小汽车等。其中，对资源性产品征税范围较窄（仅包括柴油和汽油），税率较低（固定税率分别仅为每升0.1元和0.2元，含铅汽油每升0.28元），另外，对能耗性小汽车并未根据污染水平和污染程度区分税率。

2006年消费税税目增至14个，增加了对高能耗、高污染产品的征税。增设成品油税目；为了保护森林资源，增设木制一次性筷子和实木地板税目；增设游艇税目①。消费税税率也进行了改革，更加体现减少能耗、环境保护的引导方向，比如，小汽车的排气量越大，税率越高；对于使用清洁能源、小排量的小汽车给予低税率税收优惠。2008年，单独调整汽车的消费税税率，

———————————

① 游艇征收消费税的原因是属于奢侈品、能耗高。

最低税率与最高税率的差距扩大到 39 个百分点[①]。2009 年燃油费改税，取消公路养路费、航道养护费、公路运输管理费、公路客货运附加费、水路运输管理费、水运客货运附加费等 6 项收费；将成品油的消费税税率调高。这一改革体现了政府利用税收杠杆加强宏观调控、推动节能减排的决心。

综上，通过对税目和税率的一系列改革，消费税在贯彻国家产业政策、引导社会消费、节约能源和保护环境方面产生积极的推动作用。

消费税存在的不足之处为：与环境相关的课税范围过窄，尚不能涵盖导致环境污染的其他消费品，比如电力。2010 年中国用于电力的煤炭占当年煤炭消费总量的49.49%，2011 年中国独立火电厂二氧化硫和氮氧化物排量分别占全国工业排放总量的40.6% 和62%[②]。可见，电力的污染、能耗问题非常严重。消费税应该将其纳入征税范围，以更好体现消费税的立法宗旨。

3.3.1.2 征收资源税

资源税是围绕石油、煤炭、天然气等矿产资源开采征收的税种，主要目的是调节因开采条件、储存状况、地理位置以及资源本身优劣等客观存在的差异而形成的级差收入，防止经营者乱占、滥用资源，加强国家对自然资源的保护和管理，促进资源合

---

① 具体税率为：气缸容量（排气量，下同）在 1.0 升（含 1.0 升）以下的为1%；气缸容量在 1.0 升以上至 1.5 升（含 1.5 升）的为 3%；气缸容量在 1.5 升以上至 2.0 升（含 2.0 升）的为 5%；气缸容量在 2.0 升以上至 2.5 升（含 2.5 升）的为9%；气缸容量在 2.5 升以上至 3.0 升（含 3.0 升）的为 12%；气缸容量在 3.0 升以上至 4.0 升（含 4.0 升）的为 25%；气缸容量在 4.0 升以上的为 40%。

② 赵丽萍：《强化环境保护功能的消费税改革路径选择》，载于《税务研究》2013 年第 7 期，第 46～50 页。

理利用，对减少资源浪费具有重要意义。

资源税的发展历程：1984 年开始对石油、天然气、煤炭征收超额累进利润税。1986 年对开采矿产资源征收资源税和资源补偿费。1994 年征税范围扩大到原油、天然气、煤炭、其他非金属原矿、黑色金属原矿、有色金属原矿和盐等 7 个税目，这也是 1994 年资源税大幅增长的主要原因（见图 3－4）。2004 年以后，在 23 个省份范围内提高了煤炭的资源税税率，在全国范围内提高了原油、天然气的资源税税率①。2010 年 6 月 1 日，为了贯彻资源有偿使用和可持续发展原则，选定新疆进行资源税改革试点。改革涉及原油和天然气，将其资源税由从量计价改为从价计征，税率为 5%。资源税计征方式的改变，使新疆原油、天然气的资源税增收 45 亿元，地方财政收入增加 37 亿元。

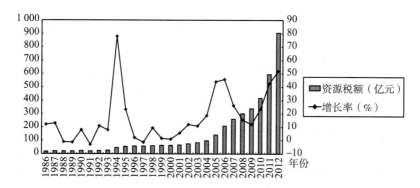

图 3－4 1986～2012 年中国资源税的税额和增长率

资源税的不足之处：

---

① 资料来源：《中国资源税改革迈出实际步伐，新疆首试点》，http：//gb. cri. cn/27824/2010/06/10/5187s288 2320. htm. 2010－06－10。

（1）资源税征收范围过窄。一方面，难以遏制对自然资源的过度开采，难以保护资源，难以遏制水、森林、草原和海洋等不可再生资源和再生周期比较长资源的低成本和掠夺性开采；另一方面，造成资源后续产品价格不合理，缴纳资源税的资源价格比不纳税资源的要高，从而导致后续产品价格变高。为了追求更多经济利益，企业对不纳税资源及其后续产品竞相进行掠夺性开采。

（2）从量计征的征税方式导致税负过低。从量计征不能体现资源稀缺性、禀赋差异和区位差异，不能与资源价格形成联动机制，从而导致资源掠夺性开发，使中国单位 GDP 能耗远远高于发达国家。中国的单位资源产出水平远低于发达国家，只相当于美国的 1/10，日本的 1/2，德国的 1/6；单位产值能耗比世界平均水平高 2.4 倍，是德国的 4.97 倍，日本的 4.43 倍，美国的 2.1 倍，印度的 1.65 倍，其中电力、钢铁、有色金属、石化、建材、化工、轻工、纺织 8 个行业的主要产品能耗均比国际先进水平高 40%，钢、水泥、纸和纸板的单位产品能耗比国际先进水平分别高 21%、45% 和 120%。中国综合能源利用效率仅为 33%，是世界上单位能耗最高的国家之一[①]。以高能耗为代价的经济发展方式，伴随经济规模的不断扩大，使资源对经济和社会发展的支撑难以持续。

（3）税率没有体现资源回采率差异。在生产同等数量、相同自然状况的资源产品的情况下，回采率低的矿山，开发成本较低，从而获得较大的收益，而回采率较高的矿山反而获得了较少

---

① 张海东、谭晶、邢如均：《在国家能源安全背景下气候变化对我国可再生能源的影响及对策》，http://cpfd.cnki.com.cn/Article/CPFDTOTAL-ZGQX200711007010.htm。

的收益。这主要是因为没有建立起鼓励资源企业进行资源回采行为的激励机制，从而出现对资源的掠夺性开发和"采富弃贫"、"采大弃小"等严重的资源浪费行为。

3.3.1.3 征收城市维护建设税

城市维护建设税开征于1985年，是政府为了扩大和稳定城市维护建设资金来源，加强城市维护建设而征收的一种地方特定税。城市维护建设税专门用于城市环境卫生、园林绿化等公共设施的建设和维护。

城市维护建设税属于附加税，以纳税人实际缴纳的增值税、消费税和营业税为计税依据。根据纳税人的地理位置不同，税率可以分为1%、5%和7%三档。虽然城市维护建设和其他税种相比，占税收总额和GDP的比重较低，但是，根据历年《中国环境统计年鉴》可以发现，城市维护建设税用于环境保护的财政支出占整个环境保护总投资的35%左右，是环境保护投资的一个重要资金来源。

3.3.1.4 征收城镇土地使用税

1988年，为了加强土地管理，合理利用城镇土地，提高土地使用效益，调节土地级差收入，中国开征城镇土地使用税。《中华人民共和国城镇土地使用税暂行条例》规定，城镇土地使用税是对城市、县城、建制镇和工矿区范围内拥有土地使用权的单位和个人，以其实际占用的土地面积为计税依据，按规定的税率从量计算征收的一种税。

城镇土地使用税根据不同地区和各地经济状况，实行等级幅度税额①。省级政府可根据本地区的经济发展水平和市政建设状况，在上述税额幅度范围内，确定所辖地区适用幅度。中国城镇土地使用税税额在 1988 年为 0.5 亿元，1989 年就迅速增加到 25.6 亿元，1990 年为 31.4 亿元；2012 年中国城镇土地使用税为 1 541.72 亿元，比 2011 年增加 26%（见图 3 – 5）。城镇土地使用税虽然一直增加幅度较大，但是 2012 年城镇土地使用税占当年 GDP 的比例仅为 0.3%，在整个税制体系中，属于小税种，发挥环境治理的作用力度不足。

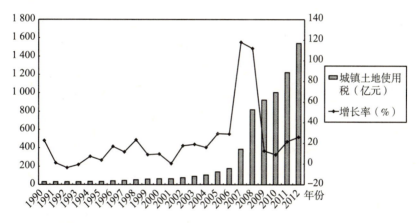

图 3 – 5　1990 ~ 2012 年中国城镇土地使用税税额和增长率

3.3.1.5　征收耕地占用税

耕地占用税开征于 1987 年，主要是为了促进土地资源合理利用，保护日益减少的农用耕地。耕地占用税是对为建房或从事

———————

① 每平方米土地年应纳税额如下：①大城市为 1.5 ~ 30 元；②中等城市为 1.2 ~ 24 元；③小城市为 0.9 ~ 18 元；④县城、建制镇、工矿区为 0.6 ~ 12 元。

其他非农业建设而占用耕地的单位和个人，依据其实际占用耕地面积，按照规定税额一次性征收的一种税。不同地区按照人均占有耕地的数量和当地经济发展水平实行差别税额。

2008 年 1 月 1 日开始实行新的耕地占用税。每年缴纳的税额：人均耕地在 1 亩以下的地区为每平方米 10~50 元；人均耕地超过 1 亩但不超过 2 亩的地区为每平方米 8~40 元；人均耕地超过 2 亩但不超过 3 亩的地区为每平方米 6~30 元；人均耕地超过 3 亩的地区为每平方米 5~25 元。

中国耕地占用税的税额一直呈增长态势，1987 年全国开始征收耕地占用税，当年税收收入较少，仅为 1.4 亿元，1988 年全国耕地占用税增加到 21.2 亿元，增幅达 1 414%，是历年增长率中最高的一年。其后，增长率一般波动幅度控制在 100% 之内（见图 3-6）。2008 年全国耕地占用税为 314.41 亿元，2012 年增加到 1 620.71 亿元。1998~2012 年，耕地占用税平均增长了89 倍。

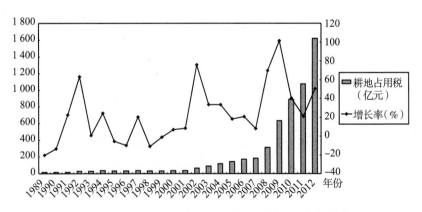

图 3-6　1989~2012 年中国耕地占用税税额和增长率

耕地占用税是中国的一个小税种，2012 年耕地占用税只占同年 GDP 的 0.31%，但其收入的 50% 作为地方财政专款，专门用于耕地的生态维护和改良，加强农田基本建设，提高土地质量，所以，耕地占用税的征收对抑制乱占滥用耕地资源起到了一定的抑制作用。

耕地占用税的不足之处：税率较低，调节力度不够，征税范围较窄，没有把具有环境调节功能和生态效益的湿地资源纳入征税范围。地方税务部门在执行现行税制时，以政府办理农业用地转建设用地手续为课税环节，区（县）级政府作为纳税人[①]，资金来源为土地出让收入，税收收入缴入同级国库，所以，该税种并没有对实际占用耕地人形成真正税负。因此，通过提高税负、扩大征税面来促进合理利用土地资源的政策目标难以真正实现。

3.3.1.6 取消高污染、高耗能产品的出口退税

由于出口的高污染、高耗能以及部分资源性产品耗费大量有限自然资源，污染环境，因此，中国自 2004 年开始，逐步取消对这些产品的出口退税。2007 年，取消了 553 项高污染、高耗能以及资源性产品（如煤炭等）的出口退税[②]，同时，鼓励高新技术产业和先进制造业产品和项目的进口，以推动资源节约和环境保护。2014 年 1 月，环保部提供了《环境保护综合名录(2013 年版)》（以下简称《综合名录》），向社会公开了 722 项

---

① 2007 年 11 月 19 日，国土资源部、财政部、中国人民银行出台《土地储备管理办法》后，已在全国实行政府储备土地净地出让制度，实际上县区级政府已成为农用地转建设用地申请人。

② 资料来源：2007 年《财政部、国家税务总局关于调低部分商品进出口退税率的通知》。

"高污染、高环境风险"产品名录。"双高"产品中，有30余种含大量的二氧化硫、氮氧化物，30余种含有挥发性有机污染物，180余种重金属污染产品，500余种有高环境风险特征产品。所列产品中有300余种"双高"产品被财税和贸易主管部门取消出口退税，或被禁止加工贸易，有效遏制了"双高"产品大量生产对环境造成的损害①。

3.3.2 征收排污费

20世纪70年代，中国开始按照"污染者付费"原则实施排污收费制度。1978年，《环境保护工作要点》提出环境治理的关键是控制污染源，这是国家重要文件中第一次提出建立排污收费制度。1982年《征收排污费暂行办法》标志着排污收费制度正式建立。2002年，国务院颁布《排污费征收使用管理条例》，规定收取污水、废气、固体废物、危险废物和噪声的排污费，对超标排污加倍征收排污费，并把单因子收费改为多因子收费，以污染当量为收费依据，收取的排污费列入环境保护专项资金管理。2003年7月1日起施行的《排污费征收标准管理办法》规定，按照污染物种类和数量，提高从量计征标准；取消将排污费20%用于环保部门自身建设的规定，改为将排污费100%用于环境污染防治，列入环境保护专项资金进行管理，用于污染防治及其新技术开发、重点污染源防治和其他项目等。

从实施效果看，排污收费在减少污染物排放、筹集环保资金

---

① 《300余种"双高"产品被取消出口退税》，http：//www. legaldaily. com. cn/executive/content/2014 - 01/26/content_5232326. html. node = 32120。

方面起到了重要作用。但从执行情况看，各地存在排污费难以足额征收、占 GDP 比例过小的问题，这在一定程度上影响了排污收费政策的实施效果。2003 年中国排污费收入 70.1 亿元，占 GDP 比例为 0.05%；2012 年为 202.2 亿元，占 GDP 比例降至 0.04%。排污费占比下降并不代表中国环境状况有所改善，不代表排污费不需要征收或者减少征收，而是由于中国经济发展速度较快，排污费征收规模跟不上经济发展规模（见图 3 - 7）。因此，需要不断加大排污费的征收和监管力度。

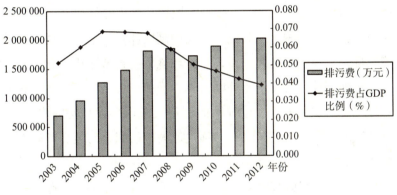

图 3 - 7　2003～2012 年中国排污费收入变化

研究表明，某些企业的环境守法成本是违法成本的 46 倍。由于排污收费额度低于污染治理费用，排污企业为了追求收益最大化，愿意缴纳排污费而不愿进行技改减排，不利于生态环境的治理和保护。以二氧化硫为例，中国《大气污染防治法》要求超标排放企业缴纳罚款，企业每排放 1 公斤二氧化硫，环保部门收取 0.2 元排污费，而企业减排 1 公斤二氧化硫，成本支出远超过 0.2 元。因此，企业宁肯缴纳排污费也不愿积极治污。

排污费制度除了收费标准偏低，还存在征收面窄、收费项目不全、征收执法不严、资金使用效率不高的问题。并且，排污费的征收管理，需要投入一定的人力、物力和财力，需要掌握准确可靠的污染物排放数据，但是，在实际执行过程中，由于人、财、物的条件难以满足，因而削弱了排污收费的刺激作用。

3.3.3 税收优惠

中国的税收优惠政策规定，对于主动、积极进行环境治理的排污者给予减免税照顾。这些税收优惠涉及增值税、企业所得税、资源税等税种。税收优惠有正面激励作用，鼓励企业自主节能减排，从经济学角度分析，是将环境的外部成本内在化，对于具有正外部性作用的给予补贴，也是维护市场公平竞争的一种有效方式。当减免税等有偿补贴的利益大于因环保耗费的成本时，有利于激励企业为了获取差额利益加大节能减排力度，减轻对环境造成的污染。

图3-8中列出2008~2010年中国大陆地区30个省（自治区、直辖市）（不包括西藏）的节能减排税收减免数据。可以发现，浙江的环境税收减免金额最大，平均在每年15亿元以上，这说明浙江企业在进行环境治理方面做得较好。大多数省（自治区、直辖市）的税收减免数额在逐年下降，其中四川省下降最为明显。中国大多数省（自治区、直辖市）享受的节能减排税收减免额较少，说明符合税收减免的环境治理行为较少，大多数企业为了追求私利，宁肯缴纳排污费和相关环境税，也不主动按照税收优惠指引来改变生产的环境污染行为。这说明，中国税收优惠总体作用效果不明显。

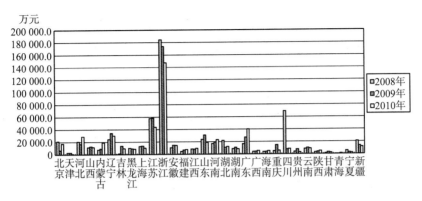

图 3 – 8   2008 ~ 2010 年中国节能减排税收减免数据

3.3.3.1   增值税的税收优惠

增值税具有税收中性、不干扰经济运行秩序的特点，在环境治理中不发挥约束作用，主要是对相关环境治理行为给予税收优惠，包括对可再生能源开发、节能以及资源综合利用等方面的税收优惠（见表 3 – 4）。

表 3 – 4   环境治理的主要增值税优惠政策

政策	生效日期
《财政部、国家税务总局关于加快煤层气抽采有关税收政策问题的通知》	2007 年 1 月 1 日
《财政部、国家税务总局关于资源综合利用及其他产品增值税政策的补充的通知》	2008 年 7 月 1 日
《财政部、国家税务总局关于再生资源增值税政策的通知》	2009 年 1 月 1 日

自 2009 年起，增值税暂行条例规定，对销售再生水、生产原料中掺兑废渣比例不低于 30% 的特定建材产品的自产货物，

免征增值税；对污水处理劳务，免征增值税；对政府及主管部门委托自来水公司随水费收取的污水处理费，免征增值税。这些税收优惠政策鼓励减少污染物（如煤矸石、粉煤灰及其他废渣）排放，调动企业开展废弃物循环利用的积极性，推动废弃物的回收利用。对于以工业废气为原料生产的高纯度二氧化碳产品、以垃圾为燃料生产的电力或者热力等实行增值税即征即退100%。对燃煤发电厂及各类工业企业产生的烟气、高硫天然气进行脱硫生产的副产品，以煤矸石、煤泥、石煤为燃料生产的电力和热力等实行增值税即征即退50%。对于增值税一般纳税人抽采销售煤层气实行增值税先征后退政策。

需要注意，2013年中国首次把税收优惠与环境治理相挂钩。《关于享受资源综合利用增值税优惠政策的纳税人执行污染物排放标准有关问题的通知》明确规定，对享受资源综合利用增值税优惠政策的纳税人执行污染物排放标准。将税收优惠政策的享受资格和污染物排放达标挂钩，主要是鼓励有能力减排的企业继续做好环保工作，避免滋生环境污染新问题，加强环境治理效果[①]。

3.3.3.2　企业所得税的税收优惠

中国节能减排的企业所得税税收优惠政策大多出台于2008年（见表3-5）。节能减排共涉及节能与减排两个方面，其中节能可以一定程度上带来减排，而减排不一定能够带来节能。节能与减排之间有一定的相关性，但不存在必然联系。

---

① 《税收优惠首次挂钩环保治理》，载于《经济导报》2013年4月23日。

表3－5 　　　　　环境治理的主要企业所得税优惠政策

政策	生效时间
《中华人民共和国企业所得税法》	2008 年
《中华人民共和国企业所得税法实施条例》	2008 年
《环境保护、节能节水项目企业所得税优惠目录》	2008 年
《资源综合利用企业所得税优惠目录》	2008 年
《节能节水专用设备企业所得税优惠目录》	2008 年
《环境保护专用设备企业所得税优惠目录》	2008 年
《公共基础设施项目企业所得税优惠目录》	2008 年
《安全生产专用设备企业所得税优惠目录》	2008 年
《财政部、国家税务总局关于中国清洁发展机制基金及清洁发展机制项目实施企业有关企业所得税政策问题的通知》	2009 年

为进一步促进经济发展与资源、环境相协调，企业所得税规定了一系列优惠政策：

（1）对纳税人向中华环境保护基金会的捐赠，可纳入公益救济性捐赠范围，企业所得税纳税人捐赠额不超过当年会计利润12%的部分，允许在税前扣除。

（2）自2008年起，企业购置并使用的环境保护、节能节水等设备，可以按其投资额的10%抵免当年企业所得税应纳税额；企业利用自筹资金和银行贷款购置环境保护、节能节水等专用设备的投资额，可以抵免当年企业应纳所得税额；当年不足抵免的，可向后连续不超过5年结转。从事符合条件的环境保护、节能节水项目的所得①可以自该项目取得第一笔生产经营收入的第

---

　　① 符合条件的环境保护、节能节水项目，包括节能减排技术改造、公共污水处理、公共垃圾处理、海水淡化等。

1~3年免征企业所得税，第4~6年减半征收企业所得税。

（3）对促进科技进步、环境保护和国家鼓励投资项目的关键设备，以及常年处于震动、超强度使用或受酸、碱等强烈腐蚀的机器设备，允许实行固定资产加速折旧的税收优惠。《安全生产专用设备企业所得税优惠目录（2008年版）》将可享受企业所得税优惠的安全生产专用设备具体细化为八类五十项，并对部分安全生产专用设备的技术指标、参照标准、功能及作用、适用范围进行了限定。企业以《资源综合利用企业所得税优惠目录》规定的资源作为主要原材料，生产的符合国家和行业标准的非限制和禁止产品，其销售收入减按90%计算。另外，对清洁发展机制基金取得的存款利息、国际金融组织捐款、国债利息、温室气体减排量转让等收入上缴国家的部分等免征企业所得税。

3.3.3.3 其他税收优惠

资源税方面，近年来中国陆续提高资源税税率，同时根据油田和矿山的实际情况，在财政承受能力范围内，给予低丰度油田和衰竭矿山不超过30%的降低税率的资源税优惠，以利于提高资源综合利用效率。

城镇土地使用税方面，对环保部门自用土地、环保部门垃圾站和污水处理站等公共设施、市政绿化用地等免征土地使用税。

3.4 本章小结

本章通过对中国财税政策实施状况的阐述，可以发现：中国现行财政政策对工业废水、工业废气和工业固体废物为代表的环境污染治理起到了积极作用。但是，不可避免也存在一定不足，比如，环境保护财政支出规模小，支出结构不均衡等。中国现行税收政策中征收环境税和排污费对环境治理起到一定的约束作用，税收优惠对于环境治理有一定的激励作用，但是总体上，环境税费占 GDP 比重较低，征税和收费的标准过低，税收优惠力度不大，导致税收政策促进环境治理存在失效之处。

本章运用规范分析方法研究中国财税政策的环境治理作用，在此基础上，第 4 章和第 5 章将运用一般面板回归、空间计量、DEA 等多种方法，多角度对财政政策和税收政策的环境治理效应进行研究。

财政政策的环境治理
效应分析

环境权是公民的一项基本权利，环境治理是加强生态文明建设的重要内容。《国家环境保护"十二五"规划》指出，中国"十二五"时期环境保护主要目标是：主要污染物排放总量显著减少，减排量达到30%～40%以上；城镇环境基础设施建设和运行水平得到提升，生态环境恶化趋势得到扭转，环境监管体系逐步健全。因此，地方政府应充分发挥职能优势，结合公众的积极参与，共同改善环境状况。

本章的财政政策指的是财政支出政策，财政收入政策属于第5章税收政策的内容。本章将以环境保护财政支出①和污染治理投资分别代表财政政策进行实证分析。原因有以下两点：

（1）由于财政转移支付、政府绿色采购等财政手段没有各省（自治区、直辖市）的统计数据，导致无法单独对其环境治理效应进行实证研究。但是，这些财政手段均属于"环境保护

---

① 说明：本章将会出现"环境保护"一词，这是为了与预算科目的名称保持一致。

财政支出"范畴。因此，本章第一部分和第二部分将选择环境保护财政支出作为财政政策的代表变量，对其进行环境治理效应实证研究。

（2）在环境治理的财政政策措施中，最直接、最有效的是污染治理投资。污染治理投资的规模和效率直接影响着财政政策的有效性。因此，本章第三部分将用污染治理投资代表财政政策，进行"投入—产出"的环境治理效率分析，并对其影响因素进行实证分析。

4.1 财政政策环境治理效应的面板分析

4.1.1 模型构建

面板数据模型可以分为混合回归模型、固定效应模型和随机效应模型。混合模型也称为不变系数模型，对于所有对象截距和自变量系数都是一样的；通过 F 检验确认不是混合模型后就要检验是固定效应还是随机效应，也就是说是变系数还是变截距。变系数模型指的是截距和自变量系数都变的模型。面板数据模型的优点是可以利用面板数据进行更全面的经济分析，利用面板数据能够改进估计结果的有效性。

本书主要研究不同省（自治区、直辖市）从 2007 年至 2012 年环境保护财政支出与工业污染物排放之间的关系，因此，涉及不同的横截面和时间序列，每个省的省情和政策执行力度的差异需要得到考虑。

一般面板模型主要有以下三种：

混合回归：$y_{it} = \alpha + X'_{it}\beta + \delta Control_{it} + u_{it}$ （4 – 1）

由于混合回归模型假设解释变量对被解释变量的影响与横截面个体无关，这在现实中是很难成立的，所以应用不广。

固定效应模型：$y_{it} = X'_{it}\beta + \alpha_i + \delta Control_{it} + u_{it}$ （4 – 2）

固定影响模型将 α_i 视为回归模型中每一个体各自不同的常数项。

随机效应回归：$y_{it} = X'_{it}\beta + \alpha + \delta Control_{it} + \varepsilon_i + u_{it}$ （4 – 3）

固定影响模型和随机影响模型的关键区别是未观测到的个体影响是否包含与模型中解释变量相关的元素，而不在于这些影响是否随机。

在模型中，y_{it} 表示省（自治区、直辖市）i 在年度 t 的环境污染排放指标向量，由于工业企业是主要的环境污染源，因此，分别选取工业固体废物排放量、工业废水排放量、工业二氧化硫排放量①作为被解释变量，衡量各地区环境污染的强度②。x_{it} 是省（自治区、直辖市）i 在年度 t 时与工业生产行为密切相关的环境保护财政支出。α_i 是随着省（自治区、直辖市）个体变化而未被观察到的因素对解释变量的影响，β 为解释变量 x_{it} 的系数，$control$ 表示与环境污染排放相关的控制变量；u_{it} 为误差项，其均值为零且与 x_{it} 不相关。

---

① 2013 年《中国环境统计年鉴》中没有工业废气的统计数据，因此，为了保持数据的连贯性，统一用工业二氧化硫表示工业废气。

② 财政政策环境治理效应通过工业废水、工业废气和工业固体废物污染排放强度的降低程度体现。

4.1.2 变量选择和数据来源

4.1.2.1 变量选择

（1）被解释变量。被解释变量 y_{it} 是用环境污染排放量的减少程度来反映环境治理的效应。环境作为一个整体，环境治理效应要用多种要素反映。由于环境污染主要来自工业污染，因此，这里选择工业废水排放量（fs）、工业二氧化硫排放量（SO_2）和工业固体废物（gf）的排放量作为被解释变量，主要检验这些污染物排放量的减少是否与环境保护财政支出有关，以及多大程度上有关。

（2）解释变量。鉴于中国 2007 年才开始把环境保护纳入财政支出，并单列一"类"，而且，鉴于数据的可得性和选取指标的意义，选取 2007~2012 年中国大陆地区 30 个省（自治区、直辖市）（不包含西藏）的环境保护财政支出（$hbzc$）作为解释变量 x_{it}。环境保护财政支出将会降低环境污染物的排放，预计环境保护财政支出解释变量的系数符号为负。

（3）控制变量。除了环境保护财政支出对环境治理效应的影响外，还存在其他影响环境治理效应的因素，一并归入控制变量。主要选取经济发展水平、人口规模、社会固定资产投资三个指标作为控制变量。经济发展水平用人均 GDP（$rjgdp$）表示，一般的，经济发展水平越高，环境污染越严重，预计经济发展水平的系数符号为正。人口规模（$rkgm$）用年末地区人口数表示，一般人口规模越大，环境污染越严重，预计人口规模的系数符号为正。全社会固定资产投资（$gdzc$）采用各地区全社会固定资产投资金额表示，一个地区的固定资产投资金额越大，表明规模扩大和设备购买的规模也大，预计系数符号为正。

4.1.2.2 数据来源

本书对除西藏自治区外的中国大陆 30 个省（自治区、直辖市）从 2007 年至 2012 年数据进行研究，数据均来自相关年度《中国环境统计年鉴》、《中国统计年鉴》和中经网数据库。

为了避免不同变量的绝对值对模型估计可能造成偏差，对模型中所有变量均进行取对数处理。各变量的描述性统计如表 4-1 所示[1]。

表 4-1　　　　　　　　　各变量的描述性统计

变量	数量	均值	标准差	最小值	最大值
fs	180	78 455.68	66 971.66	5 782.00	268 762.00
so_2	180	67.68	39.73	2.10	182.74
gf	180	8 120.89	7 342.16	158.00	45 575.83
$hbzc$	180	667 217.20	413 012.70	53 236.00	2 391 600.00
$rkgm$	180	4 414.98	2 655.54	552.00	10 594.00
$gdzc$	180	8 143.79	6 048.12	482.80	31 255.98
$rjgdp$	180	32 675.92	18 297.88	7 273.00	93 173.00

---

[1] 各省环境保护财政支出的标准差非常大，其中江苏省和广东省的每年平均环保财政支出金额较大，海南省、宁夏回族自治区的较小。各省工业废水排放量标准差也较大，主要原因是各个省（自治区、直辖市）的工业废水排放量差距较大，江苏省、浙江省、广东省、山东省每年工业废水均在 15 亿吨以上。而新疆、青海、海南等每年工业废水排放量均在 5 亿吨以下。各省环境保护财政支出的标准差非常大，江苏和广东的环保支出每年平均金额较大，海南、宁夏的环保支出较小。

4.1.3 实证结果分析

本章使用 Stata11.0 软件进行回归。重点考察环境保护财政支出与环境污染治理之间的关系。首先用 F 检验验证是选择混合回归还是固定效应回归，然后豪斯曼检验采用固定效应模型还是随机效应模型进行回归。对三个方程分别进行 F 检验和豪斯曼检验，确定工业废水采用随机效应模型，工业二氧化硫选择固定效应模型，工业固体废物选择固定效应模型（见表 4 - 2）。

表 4 - 2　　　　　　环境保护财政支出的面板回归结果

被解释变量	模型 1 工业废水		模型 2 工业二氧化硫		模型 3 工业固体废物	
	模型 1	模型 2	模型 3	模型 4	模型 5	模型 6
lhbzc	- 0. 185 *** (- 3. 99)	- 0. 110 ** (- 1. 98)	- 0. 186 *** (- 4. 00)	- 0. 234 *** (- 4. 32)	- 0. 100 (- 1. 39)	- 0. 199 ** (- 2. 34)
lrkgm	0. 956 *** (6. 23)	0. 137 (0. 26)	0. 823 *** (5. 02)	1. 228 ** (2. 4)	0. 169 (0. 81)	0. 759 (0. 94)
lgdzc	0. 248 ** (2. 23)	0. 257 ** (2. 09)	0. 165 (1. 47)	0. 060 (0. 51)	0. 822 *** (4. 9)	0. 489 *** (2. 62)
lrjgdp	- 0. 122 (- 0. 82)	- 0. 221 (- 1. 31)	0. 091 (0. 6)	0. 303 (1. 85)	- 0. 192 (- 0. 88)	0. 444 * (1. 73)
_cons	4. 581 *** (2. 71)	11. 222 *** (2. 69)	- 2. 680 (- 1. 52)	- 6. 614 (- 1. 64)	3. 376 (1. 4)	- 3. 759 (- 0. 59)
sigma_u	0. 48206	0. 80556	0. 52614	0. 70601	0. 56395	0. 83996
sigma_e	0. 14153	0. 14153	0. 13671	0. 13671	0. 21521	0. 21521
rho	0. 9205	0. 9701	0. 9368	0. 9639	0. 87289	0. 9384
R - sq	0. 7377	0. 6992	0. 4838	0. 4604	0. 4972	0. 3704
模型	RE	FE	RE	FE	RE	FE

注：* 、** 、*** 分别表示系数在 0. 10、0. 05、0. 01 的显著性水平上显著。回归系数括号内的数表示 t 统计值。FE 为固定效应模型，RE 为随机效应模型。

总体来看，环境保护财政支出与环境污染排放量呈负相关关系，与预先假设一样，并且系数均通过显著性检验。其中，工业废水（模型1）和工业二氧化硫（模型4）的模型中环境保护财政支出的系数均在0.01水平显著，工业固体废物模型（模型6）中环境保护财政支出的系数也在0.05水平上显著。工业废水排放量、工业二氧化硫排放量、工业固体废物排放量在豪斯曼检验下的最优模型（模型1、模型4）中，环保支出系数绝对值比次优模型（模型2、模型3）更大。当环境保护支出增加1%，工业废水排放量减少0.185%，工业二氧化硫排放量减少0.186%，工业固体废物排放量减少0.199%，对于工业固体废物的减排效应最明显。说明中国采取加大中央对地方财政转移支付、政府绿色采购、污染治理投资等环境保护财政支出，能够有效降低环境污染，环境治理效应明显。

人口规模的符号为正，说明人口越多的地区，环境污染排放量越大，这与预先的假设一样。当人口规模增加1%时，工业废水排放量增加0.956%，工业二氧化硫增加1.228%，说明人口规模对于工业二氧化硫的排放影响更大，因为人口越大，还有居民拥有的机动车数量也会加大，和工业污染一样，会加剧二氧化硫的排放。人口规模对于固体废物的排放不显著。

社会固定资产投资与工业废水和工业固体废物呈正相关关系，与预先假设一样，并且均分别通过0.05和0.01水平的显著性检验；人均GDP对工业固体废物的影响通过0.1水平的显著性检验，但是影响程度不明显；人均GDP对工业废水和工业二氧化硫的影响未通过显著性检验。

综上，通过省际面板数据模型检验分析发现：一方面，中国现行的环境转移支付、政府绿色采购以及污染治理投资等环境保护财政支出手段的总体环境治理效应非常有效，均对工业废水、工业二氧化硫和工业固体废物的减排有明显抑制作用。今后中国应在现有环境财政政策基础上，进一步加大财政转移支付，对于地方环境治理难度较大的地区给予财力支持；对于积极治理污染的企业，通过转移支付形式，给予财政补贴，减轻企业减排成本，激励企业积极进行治污；为了倡导污染治理的社会效益，在政府采购中加大绿色采购商品和服务范围，刺激环保产品的销售数量和销售收入，对于全社会的绿色消费也是一个示范和宣传作用。另一方面，地方政府要杜绝盲目追求地方 GDP，禁止忽视甚至放松环境治理，杜绝盲目扩大社会固定资产投资，严格履行新上项目的环境评估，不符合环评要求的项目一律不能通过审批，通过多种环境政策加强财政政策的作用，达到环境治理的目标。

4.2 财政政策环境治理效应的空间计量分析：基于污染溢出

空间计量经济学是考虑空间影响（空间自相关和空间不均匀性）的研究方法。安瑟林（Anselin，1988）认为，空间计量经济学研究的是在横截面数据和面板数据回归模型中，如何处理空间交互作用（空间自相关）和空间结构（空间非均匀性）。安瑟林（1988）认为，空间计量经济学是处理由区域科学模型统计分析中因空间因素所引起的诸多特性的技术总称。

由于自然条件、地理位置等客观因素的影响，一个地区的环境质量必然会受邻近地区污染排放的影响，即环境污染具有溢出性。此外，由于贸易和产业转移产生的跨境污染，以及环境投入等公共政策的外溢性产生的"搭便车"行为，均使得各个地区的环境污染物排放量是不可能相互独立的。因此，在建立模型时如果忽略这种空间相关性，会导致模型估计得到的参数有偏[①]。鉴于环境污染存在空间相互影响，本书将引入空间相关因素，对中国财政政策的环境治理效应进行空间计量分析。

4.2.1　模型构建

最常用的空间计量模型有空间滞后模型（Spatial Lag Model，SLM）和空间误差模型（Spatial Error Model，SEM）。空间滞后模型探讨相邻区域因变量对本区域的影响，即考察空间溢出效应；空间误差模型可以度量相邻区域有关因变量的误差冲击对本区域观测值的影响。这两类模型分别表示如下：

空间滞后模型：

$$Y = \rho WY + X\beta + \varepsilon \tag{4-4}$$

空间误差模型：

$$Y = X\beta + \mu \tag{4-5}$$

其中，$\mu = \lambda W_\mu + \varepsilon$。被解释变量为 $n \times 1$ 维向量，解释变量为 $n \times k$ 维向量，β 为 $k \times 1$ 维向量。W 为 n 阶空间权重矩阵，相邻地区的空间权重赋值为 1，不相邻地区的空间权重为 0。ρ 是空间滞后回归系数，λ 是空间误差回归系数。ε 和 μ 为随机误差项。

---

① 刘洁、李文：《中国环境污染与地方政府税收竞争》，载于《中国人口·资源与环境》2013 年第 4 期，第 81 ~ 89 页。

4.2.2 变量选择和数据来源

数据来源于 2007~2012 年中国大陆 30 个省（自治区、直辖市）（不包含西藏自治区）相关年度《中国环境统计年鉴》、《中国统计年鉴》和中经网数据库。运用 Geoda 软件和 Matlab7.0 软件进行实证研究。

（1）被解释变量。被解释变量 y_{it} 是用环境污染排放量的减少程度来反映环境治理的效应。选择工业废水排放量（fs）、工业二氧化硫排放量（SO_2）和工业固体废物（gf）的排放量作为被解释变量，主要衡量基于污染溢出性，这些污染排放量的减少是否与环境保护财政支出有关。

（2）解释变量。鉴于数据的可得性和选取指标的意义，选取 2007~2012 年的中国环境保护财政支出（$hbzc$）作为解释变量 x_{it}。一般的，环境保护财政支出将会降低环境污染物的排放，预计其系数符号为负。

（3）控制变量。主要选取经济发展水平、人口规模、社会固定资产投资三个指标作为控制变量。经济发展水平用人均 GDP（$rjgdp$）表示，一般经济发展水平越高，环境污染越严重，因此，预计经济发展水平的系数符号为正。人口规模（$rkgm$）用年末地区人口数表示，一般人口规模越大，环境污染越严重，预计人口规模的系数符号为正。全社会固定资产投资（$gdzc$）采用各地区全社会固定资产投资金额表示，一个地区的固定资产投资金额越大，表明规模扩大和设备购买的规模越大，预计系数符号为正。

4.2.3 空间相关性与实证结果分析

4.2.3.1 空间自相关分析

空间自相关检验是空间计量中非常重要的一步。运用 Geoda 软件对被解释变量进行 Moran's I 指数测算,以检验被解释变量之间是否存在空间相关性,只有存在空间相关性的变量才用空间计量模型进行回归分析。

检验结果显示,工业废水的 Moran's I 指数为 0.067, Z 统计值为 1.494,概率为 0.135,未通过显著性检验,说明各省(自治区、直辖市)工业废水的空间依赖性不强,不适合建立空间计量模型。工业二氧化硫 Moran's I 指数为 0.2475,统计值为 4.91,概率通过 0.01 水平的显著性检验,说明中国各省(自治区、直辖市)工业二氧化硫排放存在空间依赖性,形成了空间集聚,存在正相关关系。工业固体废物 Moran's I 指数为 0.291,统计值为 5.74,概率通过 0.01 水平显著性检验,说明各省(自治区、直辖市)工业固体废物排放存在正相关关系,空间集聚效应明显。

综上,在分析地区环境财政政策的环境治理效应时,除了工业废水外,工业二氧化硫和工业固体废物均应考虑空间依赖关系,建立空间计量模型进行实证研究。

由于各变量取原始数据时的 Moran's I 指数比取对数要更加显著,因此,本书不对原始数据进行对数化处理。下面,对工业二氧化硫和工业固体废物进行拉格朗日乘子检验①，决定应建立空间滞后模型还是空间误差模型（结果见表4-3）。

表4-3　　　　　　　空间变量拉格朗日乘子检验结果

项目	工业二氧化硫		工业固体废物	
	统计量	P 值	统计量	P 值
LM test-spatial lag	29.548	0.000	18.742	0.000
Robust LM test-spatial lag	14.908	0.000	4.306	0.038
LM test-spatial error	19.604	0.000	14.701	0.000
Robust LM test-spatial error	4.963	0.026	0.265	0.607

由检验结果可以看出，除了空间误差模型的工业固体废物的Robust LM test 不能拒绝原假设之外，其余变量均非常显著，这表明作为被解释变量的工业二氧化硫、工业固体废物皆存在显著的空间依赖关系，可以进行空间面板计量模型分析。由于空间相关性检验结果中，空间滞后模型的 LM test-spatial lag 检验和robust LM test-spatial lag 检验均比其空间误差模型检验显著，因此采用空间滞后模型。

4.2.3.2　实证结果

空间滞后模型应该选择固定效应模型还是随机效应模型，需要进行豪斯曼检验。对工业二氧化硫和工业固体废物作为被解释

① 包括空间滞后效应拉格朗日乘子检验（LM test-spatial lag）、空间误差效应拉格朗日乘子检验（LMtest-spatial error）、稳健的空间滞后效应拉格朗日乘子检验（Robust LM test-spatial lag）、稳健的空间误差效应拉格朗日乘子检验四个统计检验（Robust LM test-spatial error）。

变量的模型的豪斯曼检验结果表明，均应采用空间滞后模型的固定效应模型。

由表4-4可知，工业二氧化硫和工业固体废物的污染排放量空间权重均在0.01水平高度显著，说明污染物排放的确具有溢出性，某个省（自治区、直辖市）污染物排放增加，会导致其他相邻省（自治区、直辖市）污染物增加。由空间权重的系数0.3850 > 0.3810可以得出，与工业固体废物排放相比较，工业二氧化硫排放更具空间集聚性，溢出性更明显。

表4-4　　　　　　　　空间滞后模型回归结果

变量	工业二氧化硫		工业固体废物	
	模型1	模型2	模型3	模型4
hbzc	-0.15 *** (-3.2393)	-0.13 *** (-3.4224)	-28.61 ** (-2.1203)	-8.71 (-0.7854)
rkgm	0.0107 (1.1175)	0.0106 *** (5.3535)	4.9186 * (1.7493)	0.1726 (0.4421)
gdzc	0.0004 (0.8994)	0.0005 (1.3065)	0.5765 *** (4.8089)	0.5680 *** (4.8090)
rjgdp	0.0003 * (1.9445)	0.0002 (1.1479)	-0.0355 (-0.8260)	-0.0818 ** (-2.1994)
W * dep. var.	0.3850 *** (4.8097)	0.3780 *** (4.9016)	0.3810 *** (4.7822)	0.4360 *** (5.7678)
R - sq	0.9599	0.9516	0.8983	0.8768
模型类型	FE	RE	FE	RE

注：*、**、***分别表示系数在0.10、0.05、0.01的显著性水平上显著。回归系数括号内的数表示 t 统计值。FE 为固定效应模型，RE 为随机效应模型。

根据模型1和模型3的回归结果可知，环境保护财政支出的系数均通过显著性检验，其中，环境保护财政支出每增加1万

元，二氧化硫排放量减少 0.15 吨，工业固体废物排放减少
28.61 吨，环境治理效应显著。主要原因是环境保护财政支出里
面包含直接的污染治理投资、间接的环境转移支付和绿色采购，
这些措施和手段对于目前的环境治理起到了良好的作用。

在模型 1 中，人均 GDP 在 0.1 水平下显著，系数为 0.0003，
与预先假设符号一样，说明现有的经济发展模式导致工业二氧化
硫排放量不断增加。在经济发展过程中，如何控制二氧化硫的排
放是政府重点解决的一个问题。

在模型 3 中，人口规模控制变量系数为 4.9186，较为显著，
符号为正，与预先假设符号一致，说明随着各省人口规模不断扩
大，工业二氧化硫排放量不断增加。这说明，一般人口密度较大
的省（自治区、直辖市），工业企业较多，废气排放较明显。全
社会固定资产投资系数为 0.5765，与预先假设符号一致，说明
随着企业不断购买新设备，导致二氧化硫排放增加 0.5765 万吨，
扩大生产规模对于二氧化硫排放有显著影响。

由以上四个空间计量模型回归结果可见，中国财政政策的环
境治理效应明显，增加污染治理投资、转移支付和政府绿色采
购，都会直接或间接降低污染物的排放，对于改善空气质量和土
壤质量起到积极作用。

4.2.4 结果对比

通过面板数据和空间计量数据进行结果对比分析，可以
发现：

不考虑污染的溢出性，财政政策对工业二氧化硫的减排效果
更明显。当环境保护财政支出增加 1%，二氧化硫排放量下降

0.23%，固体废物排放量下降仅为 0.199%。考虑污染的空间溢出性，环境保护财政支出每增加 1 亿元，二氧化硫排放量减少 0.15 万吨，工业固体废物排放减少 28.61 万吨，对于工业固体废物的减排效应更显著。

不考虑污染溢出性的面板分析结果表明，人口规模与工业二氧化硫是正相关关系，当人口规模增长 1%，工业二氧化硫排放增加 1.228%；人口规模对于工业固体废物的影响不显著。考虑污染溢出性的空间计量分析结果表明，人口规模变化对于工业固体废物存在正相关关系，人口规模增加 1 万人，工业固体废物增加 4.9 万吨，说明考虑到污染的溢出效应，人口规模增加较快和工业增加较快较为明显。

全社会固定资产投资对于工业固体废物的两种模型回归分析结果均显著，对于工业二氧化硫的减排效应不显著。在面板分析中，增加 1% 的全社会固定资产投资，工业固体废物排放量增加 0.489%；在空间计量分析中，增加 1 亿元全社会固定资产投资，工业固体废物排放量增加 0.5765 万吨。

综上所述，中国财政政策的环境治理效应较为明显，不论是否考虑溢出性，治理效应最好的都是工业二氧化硫减排，其次是工业固体废物减排，最后是工业废水减排。这说明中国目前财政政策主要侧重于大气治理，这与工业废气排放和民众的强烈呼吁有关系。同时，政府和相关环保机构对于雾霾天气的关注也比其他污染物多，因为其他污染物排放具有隐蔽性，比如水质的好坏，不易发现。中国今后应在继续加大空气治理的同时，重视推进水环境治理和固体废物治理。

4.3 财政政策的环境治理效率分析

4.3.1 模型构建

4.3.1.1 DEA 模型的静态效率

DEA 是基于多投入和多产出测量全要素效率的非参数估计方法。该方法借助线性规划构建有效率的生产前沿面，然后其他决策单元与其进行对比，找出导致效率不足的投入冗余或产出不足，从而为决策单元改善效率提供依据和方向。

常用的两种静态 DEA 模型是 CCR 模型和 BCC 模型。CCR 模型假设规模报酬不变。BCC 模型假设规模报酬可变，并且把 CCR 模型计算得出的效率分解成纯技术效率和规模效率。因此，BCC 模型是 CCR 模型的扩展。DEA 模型分为投入导向型和产出导向型，产出导向型是研究在一定投入基础上，如何增加产出。鉴于本书旨在研究既定的财政投入下如何提高环境污染治理效率，因此采用产出导向型的 BCC 模型。BCC 模型如下：

$$\min\theta$$

$$s.t. \begin{cases} \sum_{j=1}^{n} X_j \lambda_j + S^- = \theta X_0 \\ \sum_{j=1}^{n} Y_j \lambda_j - S^+ = Y_0 \\ \sum_{j=1}^{n} \lambda_j = 1 \\ \lambda_1 \geqslant 0, \ S^-, \ S^+ \geqslant 0 \end{cases}$$

其中，S^- 表示投入松弛变量，S^+ 表示产出松弛变量。θ 表示效率，其取值范围为 $[0, 1]$，越接近 1，效率越高；当 θ 等于 1，且 S^- 和 S^+ 均等于 0 时，称决策单元 DEA 有效；当 θ 等于 1，且 S^- 和 S^+ 至少有一个不等于 0 时，称决策单元 DEA 弱有效。

由于 DEA 自我评价效率往往选择最有利于决策单元的权重，可能导致自我评价的效率值不能真实反映每个决策单元的优劣，为了把 DEA 方法拓展到互评模式，故引入对抗型交叉评价模型：

$$\begin{cases} \min y_k^T u \\ s.\,t.\ y_j^T u \leqslant x_j^T v,\ (1 \leqslant j \leqslant n),\ y_j^T u = E_{ii} x_k^T v,\ x_k^T v = 1,\ u \geqslant 0,\ v \geqslant 0 \end{cases}$$

$$(4-6)$$

其中，E_{ii} 是自我评价效率值。利用公式（4-6）的最优解 u_{ik}^* 和 v_{ik}^* 可以求出交叉评价效率 $E_{ik} = \dfrac{y_k^T u_{ik}^*}{x_k^T v_{ik}^*} = y_k^T u_{ik}^*$，并且得到交叉评价矩阵：

$$E = \begin{bmatrix} E_{11} & E_{12} & \cdots & E_{1n} \\ E_{21} & E_{22} & \cdots & E_{2n} \\ \cdots & \cdots & \cdots & \cdots \\ E_{n1} & E_{n2} & \cdots & E_{nn} \end{bmatrix}$$

对角线上 E_{ii} 是自我评价值，$E_{ik}(i \neq k)$ 是相互评价值。第 i 列的平均值 $e_i = \dfrac{1}{n} \sum\limits_{k=1}^{n} E_{ki}$ 是衡量第 i 个决策单元的相互评价值，e_i 值越大，越接近 1，说明第 i 个决策单元的效率越高。

4.3.1.2　DEA 模型的动态效率：曼奎斯特指数

曼奎斯特指数由曼奎斯特（Malmquist, 1953）最早提出。曼奎斯特指数是利用距离函数的比率来计算投入产出比率。曼奎斯特指数测度的是在时期 t 的技术条件下，从时期 t 到时期 $t+1$ 的技术效率变化。曼奎斯特指数能被广泛运用，是因为它具备以下优点：不需要投入与产出的价格变量；无须事先对研究主体进行成本最小化或利润最大化生产函数进行假设；能被分解为生产效率和技术进步两个部分，生产率的变化可以用两个曼奎斯特生产率指数的几何平均值来计算。

$$
\begin{aligned}
M_i^t(x^{t+1},\ y^{t+1},\ x^t,\ y^t) &= \left\{ \left[\frac{D_i^t(x^t,\ y^t)}{D_i^t(x^{t+1},\ y^{t+1})} \right] \left[\frac{D_i^{t+1}(x^t,\ y^t)}{D_i^{t+1}(x^{t+1},\ y^{t+1})} \right] \right\}^{1/2} \\
&= \frac{D_i^t(x^t,\ y^t)}{D_i^t(x^{t+1},\ y^{t+1})} \left[\frac{D_i^{t+1}(x^{t+1},\ y^{t+1})}{D_i^{t+1}(x^{t+1},\ y^{t+1})} \times \frac{D_i^{t+1}(x^t,\ y^t)}{D_i^t(x^t,\ y^t)} \right]^{\frac{1}{2}} \\
&= E(x^{t+1},\ y^{t+1};\ x^t,\ y^t)\,\mathrm{TP}(x^{t+1},\ y^{t+1};\ x^t,\ y^t)
\end{aligned}
$$

$$(4-7)$$

4.3.2　变量选择和数据来源

本书以中国大陆 30 个省（自治区、直辖市）（不包含西藏自治区）作为决策单元，计算地方政府环境治理的效率。环境治理指的是工业污染治理，包括工业废气、废水和固体废物的污染治理。投入指标选择城市环境基础设施建设投资、工业污染源治理投资和建设项目"三同时"环保投资，产出指标选择一般工业固体废物综合利用量和废气中烟尘、粉尘、二氧化硫的去除量[①]。

由于 2011 年后环境统计指标发生了变化，所以本书选取 2003~2010 年的数据作为研究对象。统计数据来自历年《中国

---

　　① 污染治理投资是指污染源的治理、生态保护和建设、城市环境基础设施建设、环境管理能力建设等方面的资金投入中用于形成固定资产的资金和环保设施运转费等的部分。

统计年鉴》和中经网统计数据库。

4.3.3 实证结果分析

4.3.3.1 静态效率

本书运用 Deap 2.1 软件对中国30个省（自治区、直辖市）2003～2010 年的环境污染治理投入产出数据进行 DEA - BCC 模型实证分析。分析结果用 Stata 11.0 软件显示（见表4-5和图4-1）。

表4-5　　　　2003～2010 年地方政府环境治理综合效率

省（自治区、直辖市）	2003 年	2004 年	2005 年	2006 年	2007 年	2008 年	2009 年	2010 年
北京	0.166	0.370	0.242	0.208	0.251	0.168	0.259	0.362
天津	0.231	0.235	0.187	0.341	0.276	0.248	0.162	0.266
河北	0.695	1.000	0.860	1.000	1.000	0.971	1.000	1.000
山西	1.000	1.000	1.000	1.000	1.000	0.678	0.511	0.608
内蒙古	0.684	1.000	1.000	0.704	1.000	0.497	0.769	0.815
辽宁	0.384	0.377	0.553	0.613	0.813	0.798	0.815	0.694
吉林	1.000	0.915	1.000	1.000	0.856	0.550	0.645	0.561
黑龙江	0.515	0.822	1.000	0.960	1.000	0.545	0.813	0.783
上海	1.000	0.892	0.400	0.574	0.245	0.338	0.353	0.268
江苏	0.283	0.383	0.315	0.548	0.293	0.302	0.359	0.414
浙江	0.203	0.376	0.281	0.495	0.316	0.388	0.445	0.458
安徽	1.000	0.884	1.000	1.000	0.860	0.863	0.863	0.989
福建	0.611	0.547	0.307	0.574	0.570	0.555	0.827	0.677

省（自治区、直辖市）	2003 年	2004 年	2005 年	2006 年	2007 年	2008 年	2009 年	2010 年
江西	1.000	0.968	0.796	1.000	0.682	1.000	1.000	0.769
山东	0.361	0.436	0.739	0.598	0.511	0.326	0.447	0.413
河南	0.741	1.000	0.885	0.976	0.629	0.738	0.959	0.897
湖北	0.697	0.624	0.595	0.655	1.000	0.500	0.292	0.747
湖南	0.847	0.827	0.720	0.704	0.732	0.471	0.391	0.618
广东	0.195	0.906	0.193	0.327	0.291	0.301	0.388	0.187
广西	1.000	1.000	0.677	0.750	1.000	0.432	0.445	0.438
海南	0.420	1.000	0.513	0.302	0.778	0.800	0.513	0.487
重庆	0.455	0.656	0.447	0.485	0.315	0.346	0.327	0.241
四川	0.436	0.573	0.569	0.683	0.656	0.661	0.721	1.000
贵州	1.000	1.000	1.000	1.000	1.000	1.000	1.000	1.000
云南	0.737	1.000	0.748	1.000	1.000	1.000	0.799	0.560
陕西	0.339	0.593	0.506	1.000	0.458	0.392	0.268	0.406
甘肃	0.776	0.802	0.733	0.829	0.449	0.500	0.232	0.993
青海	0.675	1.000	1.000	0.848	0.833	0.593	0.411	0.881
宁夏	0.447	0.670	1.000	0.292	0.656	0.383	0.578	1.000
新疆	0.209	0.277	0.293	0.441	0.415	0.289	0.230	0.324
均值	0.604	0.738	0.652	0.697	0.663	0.554	0.561	0.629

从年度数据可知，2003 年 30 个省（自治区、直辖市）中综合效率有效的有山西省、吉林省、上海省、安徽省、江西省、广西壮族自治区和贵州省等 7 个省，2004～2010 年综合效率有效的省（自治区、直辖市）数量分别有 8 个、7 个、8 个、7 个、3 个、3 个和 4 个。总体上环境污染治理综合有效的省（自治区、

直辖市）数量较少，最多时占到所有省（自治区、直辖市）的
26.7%，而且环境有效省（自治区、直辖市）的数量逐年减少。
从图4-1可以看出，中国大多数省（自治区、直辖市）的环境
污染治理效率都有个先升后降低再上升的"N形"过程。这说明
随着经济发展，中国环境污染治理效率一度很低，现在有所
回升。

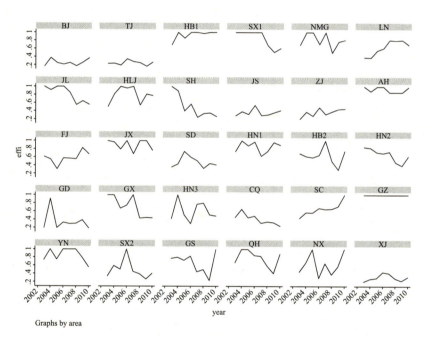

Graphs by area

注：对于读音相同的省（自治区、直辖市），采用拼音首字母后加数字的方式进
行区分：HB1代表河北省，SX1代表山西省，HN1代表河南省，HB2代表湖北省，
HN2代表湖南省，HN3代表海南省，SX2代表陕西省。

图4-1　2003~2010年地方环境治理综合效率

从各省的平均综合效率（见表4-6）看，各省之间差异较
大，综合效率最好的是贵州省，连续8年环境治理效率有效，平

均效率值等于 1；综合效率平均值最低的有天津市（0.243）和
北京市（0.253），与贵州省的差距高达近 5 倍。由此可见，环境
污染治理效率的高低与经济发达程度无关。这说明有些地方政府
在追求地方 GDP 的时候，付出了较大的环境代价，当然，近年
来污染严重的环境状况已经开始得到各地方政府的重视。特别需
要指出的是河北省，平均综合效率较高，均值为 0.941。这说明
虽然河北省是典型的污染大省，总体环境状况不好，但是，不能
因此否认河北省的污染治理技术效率、规模效率高，粉尘、烟尘
去除量和固体废物综合利用效率高的结论。

从各省的平均纯技术效率看，山东省、海南省、青海省、山
西省、河南省、河北省和贵州省的纯技术效率均等于 1，天津市
和北京市的纯技术效率最低，分别为 0.284 和 0.310，这也是导
致天津市和北京市综合效率低的主要原因。从各省的技术效率
看，贵州省、安徽省和云南省的平均规模效率在 0.97 以上，江
苏省和山东省的在 0.5 以下，这也是江苏省和山东省两省的综合
平均效率较低的主要原因。

表 4 - 6   2003 ~ 2010 年地方政府环境治理效率的平均值

省（自治区、直辖市）	综合效率平均值	纯技术效率	规模效率
北京	0.253	0.284	0.888
天津	0.243	0.310	0.796
河北	0.941	1.000	0.941
山西	0.850	1.000	0.850
内蒙古	0.809	0.928	0.873
辽宁	0.631	0.845	0.739

省（自治区、直辖市）	综合效率平均值	纯技术效率	规模效率
吉林	0.816	0.839	0.967
黑龙江	0.805	0.853	0.937
上海	0.509	0.532	0.950
江苏	0.362	0.829	0.441
浙江	0.370	0.598	0.628
安徽	0.932	0.942	0.990
福建	0.584	0.669	0.867
江西	0.902	0.930	0.966
山东	0.479	1.000	0.479
河南	0.853	1.000	0.853
湖北	0.639	0.717	0.872
湖南	0.664	0.718	0.920
广东	0.349	0.571	0.586
广西	0.718	0.737	0.963
海南	0.602	1.000	0.602
重庆	0.409	0.439	0.942
四川	0.662	0.736	0.896
贵州	1.000	1.000	1.000
云南	0.856	0.876	0.971
陕西	0.495	0.558	0.865
甘肃	0.664	0.772	0.862
青海	0.780	1.000	0.780
宁夏	0.628	0.725	0.889
新疆	0.310	0.331	0.931
均值	0.637	0.758	0.841

备注：缺乏 2004～2006 年度青海省废气烟尘、粉尘、二氧化硫去除量的数据，已经通过插值法补上。

从区域角度看，2003～2010年平均综合效率分布不均衡。大部分地区环境治理效率处于低效率状态（效率值小于0.7）。东部沿海部分省（自治区、直辖市）和西部新疆地区的环境治理效率最低（低于0.4），中部地区的综合治理效率较高（大于0.8）。这也再次充分说明，财政政策的环境治理效率与经济发达程度无关。

表4-7为用Matlab7.0软件进行分析的各省交叉评价效率，可以看出，各省（自治区、直辖市）利用其他省（自治区、直辖市）作为权重时，效率普遍较低，中国大多数省（自治区、直辖市）的交叉评价效率都在0.5以下。

表4-7　　　　2003～2010年地方环境治理的相互评价效率

省（自治区、直辖市）	2003年	2004年	2005年	2006年	2007年	2008年	2009年	2010年
北京	0.1093	0.2324	0.1880	0.1181	0.1251	0.0979	0.1082	0.0826
天津	0.1242	0.1879	0.1011	0.2814	0.1960	0.1613	0.1680	0.1858
河北	0.4328	0.7203	0.5854	0.6909	0.6663	0.6279	0.7597	0.8189
山西	0.6926	0.5843	0.6238	0.4704	0.4922	0.3419	0.3459	0.3739
内蒙古	0.3840	0.5628	0.5413	0.3307	0.6273	0.3059	0.4439	0.4780
辽宁	0.2426	0.2703	0.3188	0.2892	0.5341	0.4292	0.5056	0.4507
吉林	0.5001	0.5888	0.6935	0.7601	0.5592	0.3606	0.5559	0.4410
黑龙江	0.3381	0.5072	0.7020	0.6274	0.5963	0.4312	0.5232	0.4715
上海	0.2755	0.4317	0.1948	0.2624	0.1766	0.1572	0.1869	0.2242
江苏	0.2377	0.2983	0.2774	0.4401	0.3162	0.2977	0.4719	0.5148
浙江	0.2181	0.2934	0.2441	0.4895	0.4706	0.3114	0.7101	0.5538
安徽	0.6387	0.6116	0.7780	0.7674	0.6034	0.4705	0.6359	0.7823
福建	0.2300	0.2037	0.1748	0.3013	0.3684	0.3144	0.5544	0.4441

省（自治区、直辖市）	2003 年	2004 年	2005 年	2006 年	2007 年	2008 年	2009 年	2010 年
江西	0.8185	0.6683	0.5313	0.8057	0.6020	0.9343	0.9231	0.7057
山东	0.2705	0.3667	0.4891	0.4103	0.3686	0.2629	0.4256	0.4307
河南	0.5201	0.6687	0.5344	0.5902	0.4373	0.5331	0.6957	0.7452
湖北	0.5737	0.6875	0.6049	0.6151	0.7218	0.4560	0.3388	0.4690
湖南	0.5473	0.6429	0.5754	0.5360	0.5932	0.4446	0.4515	0.6708
广东	0.1391	0.4225	0.1539	0.2171	0.2198	0.2523	0.3348	0.1307
广西	0.6241	0.7167	0.5697	0.6600	0.6289	0.3416	0.3953	0.4045
海南	0.2520	0.2410	0.2932	0.1676	0.2980	0.3702	0.2156	0.2023
重庆	0.2224	0.2549	0.2572	0.2859	0.2281	0.2578	0.2844	0.2565
四川	0.2720	0.2991	0.4793	0.4959	0.4513	0.4180	0.6107	0.7330
贵州	0.8646	0.7260	0.7759	0.7575	0.8651	0.7284	0.8640	0.7430
云南	0.5748	0.7805	0.6947	0.6984	0.8146	0.7576	0.6810	0.6157
陕西	0.2072	0.3228	0.2535	0.4985	0.3400	0.2506	0.2288	0.1971
甘肃	0.3970	0.4585	0.4344	0.3424	0.2804	0.4111	0.3449	0.3683
青海	0.2657	0.2602	0.2793	0.4599	0.3747	0.3065	0.2690	0.4751
宁夏	0.2548	0.2895	0.4197	0.2225	0.2997	0.1847	0.3140	0.6177
新疆	0.1860	0.2160	0.2559	0.3126	0.3049	0.2245	0.2070	0.3292

4.3.3.2　曼奎斯特指数动态效率

运用软件 Deap 2.1 来计量曼奎斯特指数，并得出 2003～2010 年中国 30 个省（自治区、直辖市）的环境治理的技术效率、规模效率、技术进步和全要素生产率。此处的全要素生产率反映的是财政政策的环境治理效率；技术进步表示环境技术革新和改进的程度；纯技术效率衡量的是技术无效率在多大程度上是由纯粹的技术原因造成的；规模效率反映的是各省（自治区、直辖市）的污染治理投资规模是否处于最佳状态。各个指数之间的关系为：全要素生产率变化=技术进步×纯技术效率变化×规模效率变化（见表4-8）。

表4-8 　　2003~2010年中国年均环境治理效率曼奎斯特指数

年份	技术效率	技术进步	纯技术效率	规模效率	全要素生产率
2003~2004	1.315	0.656	1.071	1.227	0.862
2004~2005	0.877	1.014	0.921	0.952	0.889
2005~2006	1.082	0.946	1.051	1.029	1.023
2006~2007	0.912	1.052	0.939	0.972	0.960
2007~2008	0.871	1.153	0.944	0.923	1.004
2008~2009	1.041	0.987	1.010	1.031	1.027
2009~2010	1.148	0.969	1.053	1.090	1.113
平均	1.024	0.956	0.997	1.028	0.979

由表4-8可以看出，其中2005~2006年、2007~2008年、2008~2009年和2009~2010年环境污染治理的全要素效率增长较快，主要原因是2007~2008年的技术进步较快，2005~2006年、2008~2009年和2009~2010年的技术效率较高。

由表4-9可以看出，中国环境污染治理效率曼奎斯特指数平均值增长较快的省（自治区、直辖市）为宁夏回族自治区（1.456）、广东省（1.254）和浙江省（1.233）。增长较慢的省（自治区、直辖市）为吉林省（0.859）、上海市（0.914）和广西壮族自治区（0.929）。其中，宁夏回族自治区作为增长率最高的省份，效率值波动较大，其中2006年环境污染治理效率低至 0.259，2010 年环境污染治理效率增长率高达 3.116。环境质量改善是个长期工程，要保持政策的稳定性和有效性，在每年保证投入一定财政资金进行环境治理的同时，应进一步提高环境治理效率，尽快改善环境质量。

表 4 - 9　　　　　　2004～2010 年地方环境治理效率曼奎斯特指数

省（自治区、直辖市）	2004 年	2005 年	2006 年	2007 年	2008 年	2009 年	2010 年	平均值
北京	1.453	0.767	0.700	1.106	0.955	1.878	1.711	1.224
天津	0.808	0.569	2.77	0.752	0.915	0.768	1.190	1.110
河北	1.111	0.667	1.102	0.934	1.187	1.385	1.131	1.074
山西	0.931	1.039	0.990	0.696	0.82	1.033	1.203	0.959
内蒙古	0.841	1.396	0.425	1.64	0.684	1.449	0.927	1.052
辽宁	0.737	1.254	1.171	1.040	1.188	0.997	0.776	1.023
吉林	0.611	1.052	0.878	0.784	0.856	1.039	0.796	0.859
黑龙江	0.932	1.291	0.793	0.779	0.805	1.251	0.873	0.961
上海	0.418	0.489	1.213	0.422	1.655	1.364	0.839	0.914
江苏	0.953	0.936	2.023	0.708	1.231	1.247	1.255	1.193
浙江	1.304	0.597	2.010	1.432	1.083	1.108	1.100	1.233
安徽	0.335	1.24	0.975	0.664	1.227	1.154	1.252	0.978
福建	0.978	0.781	1.677	0.928	0.982	1.657	0.798	1.114
江西	0.416	0.772	1.185	0.88	1.725	1.009	0.796	0.969
山东	0.933	1.577	0.721	0.76	0.767	1.187	0.946	0.984
河南	0.939	0.764	0.942	0.764	1.271	1.269	1.089	1.005
湖北	0.815	0.793	1.011	1.433	0.508	0.561	1.851	0.996
湖南	0.761	0.982	1.217	0.922	0.854	0.826	1.588	1.021
广东	3.449	0.256	1.389	1.107	1.251	0.951	0.377	1.254

省（自治区、直辖市）	2004 年	2005 年	2006 年	2007 年	2008 年	2009 年	2010 年	平均值
广西	0.770	0.804	1.223	1.260	0.367	1.014	1.067	0.929
重庆	0.656	0.854	1.498	0.505	1.188	1.130	0.835	0.952
四川	1.076	1.113	0.881	0.884	1.040	1.271	1.218	1.069
贵州	0.794	1.224	0.989	1.122	1.252	1.205	0.865	1.064
云南	1.010	1.218	0.920	1.619	0.88	0.579	0.866	1.013
陕西	1.075	0.803	1.846	0.666	0.956	0.739	1.138	1.032
甘肃	0.689	0.811	1.262	0.468	1.863	0.499	1.421	1.002
青海	0.982	0.817	0.655	1.078	0.978	0.682	2.435	1.090
宁夏	0.840	1.410	0.259	1.958	0.86	1.751	3.116	1.456
新疆	0.698	1.098	1.111	0.933	0.87	0.807	1.348	0.981

4.3.4 效率的影响因素分析

4.3.4.1 模型构建

DEA 模型计算出决策单元的效率值后，通过 Tobit 模型对效率的影响因素进行实证分析。由于效率值是在 0~1 之间的截断数据，因此，把效率值作为因变量，用普通 OLS 法对模型回归，实际上忽略了非线性项和随机误差项的异方差性，导致参数估计量成为有偏的不一致的（Greene，1981）[①]。Tobit 模型选用最大似然函数法估计变量参数，因此，实践中多数研究也均采用 To-

---

① Greene W H. On the Asymptotic Bias of the Ordinary Least Squares Estimator of the Tobit Model [J]. *Econometrica*，1981（49）：pp.505-513.

bit 模型处理截断数据的计量模型问题。

$$y_i^* = x_i^* \beta + \sigma \varepsilon_i \qquad i = 1, 2, \cdots, N \qquad (4-8)$$

其中，ε 服从标准正态分布。

$$y_i = \begin{cases} 0, & y_i^* \leqslant 0 \\ y_i^*, & y_i^* > 0 \end{cases} \qquad (4-9)$$

4.3.4.2 变量选择和数据来源

在财政分权体制下，地方政府往往追求 GDP，忽视环境污染治理。随着公众参与水平和人均储蓄水平的提高，对环境状况的关注日益提高。因此，本书把财政分权和公众参与设定为核心解释变量，主要考察二者对环境污染治理效率的影响。

借鉴乔宝云、范剑勇、冯兴元（2005）[1]，傅勇（2010）[2] 的观点，财政分权指标选择省级人均预算内财政支出占中央人均预算内财政支出的比例来衡量。公众参与指标选择 15 岁及以上的人口文盲率和城乡人均储蓄水平作为代表性变量来衡量。除此之外，基于关注经济发展因素和地区因素的原则，选择的控制变量有人口密度和人均 GDP。其中，人口密度以人口总数除以当地土地面积来衡量，人均 GDP 以当地 GPD 除以当地人口总数来衡量。

以上数据均来自 2003～2010 年《中国统计年鉴》和中经网统计数据库。

基于上述分析，建立如下模型：

$$EFF = \alpha + \beta DC + \gamma Pop + \eta Control + \varepsilon \qquad (4-10)$$

---

① 乔宝云、范剑勇、冯兴元：《中国的财政分权与小学义务教育》，载于《中国社会科学》2005 年第 6 期，第 37～47 页。

② 傅勇：《财政分权政府治理与非经济性公共物品供给》，载于《经济研究》2010 年第 8 期，第 4～16 页。

其中，*EFF* 表示静态综合效率；*DC* 表示财政分权；*Pop* 表示公众参与；*Control* 表示控制变量。预计财政分权对综合效率的影响为负，财政分权度越大，地方政府支出权力越大，越追逐利己的经济利益，忽视环境质量的改善，导致环境污染治理效率较低；文盲率预计符号为负，人口文盲率越低，说明公众受教育水平越高，对环境污染的危害认知越清楚，越能提高环保意识和督促政府采取环保措施；城乡人均储蓄预计符号为正，城乡人均储蓄越高，公众可以在生活得以满足的基础上，拿出更多的精力和物质参与改善周围的生存环境，提高环境污染治理效率。控制变量中人口密度预计符号为负，人均 GDP 预计符号为负。下面将运用 Stata 11.0 软件进行 Tobit 模型实证分析。

表 4 - 10 中给出了被解释变量和解释变量的描述性统计。从被解释变量看，各省环境污染治理综合效率为 0.64，最大值为 1.00，最小值为 0.16，最大值是最小值的 6 倍，说明各省环境污染治理效率差异较大。从财政分权看，各省平均财政支出分权为 0.56。从公众参与看，各省 15 岁以上人口的文盲率为 9%，城乡人均年储蓄为 1.54 万元。从控制变量看，人均 GDP 为 21 664.25 元，人口密度平均值为 415.54，各省的人口密度差异较大，最大值是最小值的 488 倍，说明各省人口分布极不均衡。

表 4 - 10   变量的描述性统计

变量	变量说明	平均值	标准差	最小值	最大值
EFF	综合效率	0.64	0.27	0.16	1.00
DC	财政分权	0.56	0.67	0.01	4.41
Illi	文盲率	0.09	0.05	0.02	0.24

续表

变量	变量说明	平均值	标准差	最小值	最大值
Persav	城乡人均储蓄	1.54	1.28	0.24	8.67
Pergdp	人均GDP	21 664.25	14 794.47	3 701.00	76 074.00
Pd	人口密度	415.54	577.14	7.44	3 631.38

4.3.4.3 实证结果分析

本书首先对核心解释变量和控制变量的模型 1 进行 Tobit 分析，发现核心解释变量系数均显著。然后，建立模型 3 单独考察核心解释变量财政分权和公众参与对环境污染治理效率的影响，发现核心解释变量的系数均通过 0.01 的显著性检验。鉴于 Tobit 模型估计可能存在异方差，因此，在模型 2 和模型 4 中使用了稳健标准差（见表 4-11）。

表 4-11　　　　　　　模型估计结果

变量名称	模型1	模型2	模型3	模型4
财政分权 (*dc*)	-0.1478854*** (-5.12)	-0.1478854*** (-5.87)	-0.12746*** (-4.87)	-0.12746*** (-6.06)
文盲率 (*illi*)	-1.583154*** (-3.33)	-1.583154*** (-3.18)	-0.1580435*** (-3.79)	-0.1580435*** (-3.87)
城乡人均年储蓄 (*ln_persav*)	-0.1960686** (-2.12)	-0.1960686** (-2.48)	-0.3574836*** (-9.4)	-0.3574836*** (-10.6)
人均gdp (*ln_Pergdp*)	-0.1216334 (-1.3)	-0.1216334 (-1.46)	—	—
人口密度 (*ln_pd*)	-0.0338659* (-1.95)	-0.0338659** (-2.00)	—	—

变量名称	模型 1	模型 2	模型 3	模型 4
常数项（C）	2. 305151 ** (2. 51)	2. 305151 *** (2. 79)	0. 4038175 *** (3. 94)	0. 4038175 *** (4. 07)
log likelihood	− 64. 11037	− 64. 11037	− 63. 904129	− 63. 904129
Pseudo R²	0. 4359	0. 4359	0. 4378	0. 4378

注：*、**、*** 分别表示系数通过 0.10、0.05、0.01 的显著性水平检验。回归系数括号内的数表示 t 统计值。其中模型 1 和模型 3 采用 Tobit 模型；模型 2 和模型 4 采用了稳健的 Tobit 模型。

在模型 1、模型 2、模型 3 和模型 4 中，可以看到财政分权的系数显著为负，符合预先的假设，说明财政支出分权度越大，地方政府的财力越大，越主要用来追求地方 GDP 增长，谋求更好的政绩，导致环境治理效率下降。同样的，在模型 1、模型 2、模型 3 和模型 4 中，文盲率系数显著为负数，符合预先的假设，这说明一个地区的公众参与当地环境污染治理的意识越弱，越制约污染治理效率的改善。城乡人均储蓄的系数显著为负数，与预先的假设不一样，说明在当今的经济发展模式下，城乡人均储蓄是对以环境为代价取得的经济成果的分享，所以，人均储蓄越高，环境污染越严重，污染治理效率越低。人均 GDP 的系数为负数，与预先的假设一样，说明中国各省经济发展越迅速，越追求经济效益，环境污染越严重，污染治理效率越低。人口密度的系数为负数，与预先的假设一样，说明由于污染是人为的逐利行为，所以人口密度越大的省（自治区、直辖市），个人或企业"经济人"进行的污染行为越多，导致环境污染的监管和治理越面临较大难度，从而导致环境污染治理效率越低。

综上，通过 DEA 模型测算了中国 30 个省（自治区、直辖市) 2003～2010 年环境污染治理效率：从动态角度看，大多数省（自治区、直辖市）的综合效率都处在先下降后上升的发展过程；从静态角度看，贵州省、河北省、安徽省和江西省的综合平均效率相对较高，测算数值都在 0.9 以上。为了进一步分析环境污染治理效率差异的原因，本书用 Tobit 模型对其影响因素进行了实证分析。结果证明，财政分权、公众参与对环境污染治理效率都有显著的负影响。

由结论得出的政策建议是：一是继续提高环境治理的技术效率和规模效率，提高环境保护资金的使用效率，加大地方政府环境责任制，实施环境质量在政府及相关责任人绩效考核中的"一票否决制"。二是财政分权与环境治理效率负相关，说明环境治理不能单纯依靠地方政府，可以通过适度的财政集权把环境污染特别是跨省的环境污染问题从根本上解决。三是公众参与是环境治理中发挥人的主观能动性的体现。公众受教育水平的提高能激发公众参与环境治理的热情，有助于促进环境治理改善；城乡人均储蓄水平与环境污染治理水平负相关，这是基于过去以环境污染为代价的经济发展模式导致的不良后果。未来应进一步改革经济发展体制，实现公众收入福利和环境福利的共同增加，从而促进环境污染治理效率的改善。

4.4 本章小结

本章运用了一般面板分析、空间计量分析和数据包络分析等方法，对财政政策的环境治理效应进行实证研究。由于没有更细化的财政转移支付和绿色采购统计数据，本章选择用环境保护财政支出代表环境政策变量，进行环境治理效应面板模型回归分析。考虑到污染溢出导致相邻地区环境污染的空间集聚性，建立空间计量模型对财政政策的环境治理效应进行回归分析，并将实证结果与面板分析结果对比。结果表明，两种模型中财政政策的环境治理效应均较为明显，增加环境保护财政支出能有效降低工业废水、工业二氧化硫和工业固体废物等污染物排放。

本章从"投入—产出"角度对财政政策进行数据包络效率分析，并且对影响环境治理效率的财政分权、公众参与等因素进行 Tobit 面板模型实证研究。结果表明，各省（自治区、直辖市）环境治理效率差异较大，效率的高低与其经济发达程度无关，与财政分权和公众参与等因素有关，各省（自治区、直辖市）应采取有效措施进一步提高环境治理效率。

5

税收政策的环境治理
效应分析

　　税收政策主要通过征收资源税、城镇土地使用税、城市维护建设税、耕地占用税、排污费等多种税费，给予减免税优惠发挥环境治理的作用。本书将通过一般面板分析、空间计量分析和数据包络分析等方法，对征收环境税、给予税收优惠的环境治理效应进行实证研究。

5.1　征收税费环境治理效应的面板分析

5.1.1　模型构建

　　面板数据模型可以分为混合回归模型、固定效应模型和随机效应模型。混合模型也称为不变系数模型，对于所有对象截距和自变量系数都是一样的；通过 F 检验确认不是混合模型后就要检验是固定效应还是随机效应，也就是说是变系数还是变截距。变系数模型指的是截距和自变量系数都变的模型。面板数据模型的优点是可以利用面板数据进行更全面的经济分析，利用面板数据能够改进估计结果的有效性。

由于本书主要研究不同省（自治区、直辖市）征收环境税费的环境治理效应，需要考虑省情和政策执行差异，涉及不同的横截面和时间序列，因此，建立面板模型进行分析。一般面板模型主要有以下三种：

混合回归：$y_{it} = \alpha + X_{it}'\beta + \delta Control_{it} + u_{it}$　　　　（5 - 1）

由于混合回归模型假设解释变量对被解释变量的影响与横截面个体无关，这在现实中是很难成立的，所以应用不广。

固定效应模型：$y_{it} = X_{it}'\beta + \alpha_i + \delta Control_{it} + u_{it}$　　　　（5 - 2）

固定影响模型将 α_i 视为回归模型中每一个体各自不同的常数项。

随机效应回归：$y_{it} = X_{it}'\beta + \alpha + \delta Control_{it} + \varepsilon_i + u_{it}$　　　（5 - 3）

在以上模型中，y_{it} 表示省（自治区、直辖市）i 在年度 t 的环境污染排放指标向量，由于工业企业是主要的环境污染源，因此，分别选取工业固体废物排放量、工业废水排放量、工业二氧化硫排放量[①]作为被解释变量，衡量各地区环境污染的强度[②]。x_{it} 是省（自治区、直辖市）i 在年度 t 时征收的与工业生产行为密切相关的各个环境税和排污费。α_i 是随着省（自治区、直辖市）个体变化而未被观察到的因素对解释变量的影响，β 为解释变量

---

① 2013 年《中国环境统计年鉴》中没有工业废气的统计数据，因此，为了保持数据的连贯性，都统一用工业二氧化硫表示工业废气。

② 财政政策环境治理效应通过工业废水、工业废气和工业固体废物污染排放强度的降低程度来体现。

x_{it} 的系数，*control* 表示与环境治理效应相关的控制变量；u_{it} 为误差项，其均值为零且与 x_{it} 不相关。

5.1.2 变量选择和数据来源

鉴于数据的可得性和选取指标的意义，选取中国大陆地区 29 个省（自治区、直辖市）（不包含西藏自治区和上海市①）2004～2012 年的资源税（*zys*）、城市维护建设税（*cjs*）、城镇土地使用税（*tds*）、耕地占用税（*gds*）、排污费（*pwf*）等环境税费作为解释变量②，分别以各地区工业废水（*fs*）、工业二氧化硫（SO_2）和工业固体废物（*gf*）的排放量作为被解释变量；以地区人均 GDP（*rjgdp*）、政府竞争（*zj*）作为控制变量。其中，政府竞争选择地方税收收入占地方 GDP 比例来衡量，地方为了争夺资源和税收收入，有可能改变环境税费政策的执行力度，从而影响环境税费的效应。

数据来源于相关年度《中国环境统计年鉴》和《中国统计年鉴》和中经网数据库。为了消除异方差性，对于其中各个变量均采取对数化处理。

由各变量的描述性统计结果（见表 5-1）可以看出，工业废水排放量最小值为 3 453，最大值为 296 318。工业二氧化硫排放量最小值为 2，最大值为 182.74。工业固体废物排放量各省差异非常大，最小值为 91，最大值为 45 576。排污费最小值为 866，最大值为 287 343。资源税最小值为 0.13，最大值为

---

① 原因是上海市没有资源税数据。
② 按收入归属，可以把税种分为中央税、地方税和中央地方共享税，消费税属于中央税。因此，在省际环境效果的实证分析中，将不包含消费税在内。

109.3。城建税最小值为 1.55，最大值为 338.31。土地使用税最大值是最小值的 2 465.8 倍；耕地占用税最大值是最小值的 4 504 倍。人均 GDP 最大值是最小值的 25 倍。由此可见，由于各个地区经济发展、排污费、资源税等环境税费的差距，导致工业废水、工业二氧化硫和工业固体废物排放量差距很大。

表 5 - 1   各变量的描述性统计

变量	数量	平均值	标准差	最小值	最大值
fs	290	78 656.67	66 884.31	3 453.00	296 318.00
so_2	290	68.88	40.75	2.10	182.74
gf	290	6 713.19	6 415.00	91.00	45 576.00
zys	290	11.37	15.07	0.13	109.30
pwf	290	53 293.11	48 484.13	866.00	287 343.00
cjs	290	46.03	47.88	1.55	338.31
tds	290	21.50	33.14	0.09	221.92
gds	290	17.84	26.96	0.05	225.20
$rjgdp$	290	24 474.53	16 395.63	3 701.00	93 173.00
zj	290	6.53	2.24	3.45	17.56

由图 5 - 1 可见，2004 ～ 2012 年中国 29 个省（自治区、直辖市）中，工业废水排放量呈下降趋势的省（自治区、直辖市）为辽宁省、江苏省、浙江省、重庆市和四川省。工业废水排放量上升的省（自治区、直辖市）为山东省、河南省。排放量一直较高的省（自治区、直辖市）为江苏省、浙江省、广东省。排放量一直较低的省（自治区、直辖市）为甘肃省、新疆维吾尔自治区、宁夏回族自治区、贵州省、海南省和云南省。从总体上看，

中国的工业废水排放量总体较高，排放量较大的省（自治区、直辖市）主要集中在中东部地区。

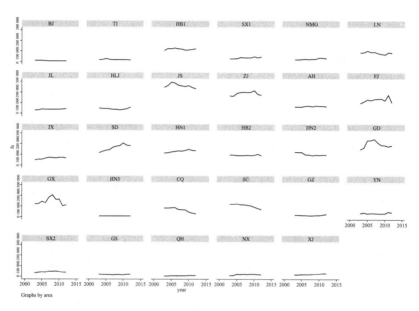

注：对于读音相同的省（自治区、直辖市），采用拼音首字母后加数字的方式进行区分：HB1 代表河北省，SX1 代表山西省，HN1 代表河南省，HB2 代表湖北省，HN2 代表湖南省，HN3 代表海南省，SX2 代表陕西省。

图 5 - 1 2004 ~ 2012 年工业废水排放量的时间趋势

由图 5 - 2 可见，2004 ~ 2012 年大多数省（自治区、直辖市）的工业二氧化硫排放一直较高的为河北省、山西省、江苏省、山东省，其中，河北省因为工业集聚，导致工业二氧化硫排放量非常高；排放量一直较低的省（自治区、直辖市）为青海省、宁夏回族自治区、海南省、北京市和天津市；排放量呈增加态势的为内蒙古自治区、辽宁省、陕西省、山东省等；排放量呈下降趋势的为四川省、广东省、广西壮族自治区等。总体来看，各省（自治区、直辖市）二氧化硫的排放量普遍较高。

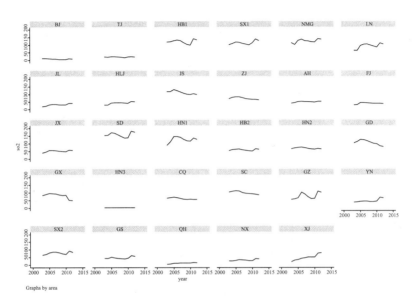

注：对于读音相同的省（自治区、直辖市），采用拼音首字母后加数字的方式进行区分：HB1 代表河北省，SX1 代表山西省，HN1 代表河南省，HB2 代表湖北省，HN2 代表湖南省，HN3 代表海南省，SX2 代表陕西省。

图 5 - 2　2004～2012 年工业二氧化硫排放量的时间趋势

由图 5 - 3 可见，2004～2012 年河北省、山西省、内蒙古自治区、辽宁省、山东省的工业固体废物排放量大幅增加，其他省（自治区、直辖市）维持较低水平，没有大幅波动。晋冀鲁地区是污染重灾区。其实，中国大部分地区的工业固体废物显示处在低水平，但是，其中有些省（自治区、直辖市）真实情况不像数据体现得那么乐观，因为固体废物排放或堆积有隐蔽性，环境检测和统计数据做不到位，导致数据显示工业固体废物排放量较低。

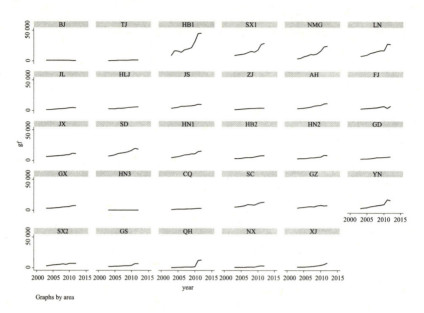

注：对于读音相同的省（自治区、直辖市），采用拼音首字母后加数字的方式进行区分：HB1 代表河北省，SX1 代表山西省，HN1 代表河南省，HB2 代表湖北省，HN2 代表湖南省，HN3 代表海南省，SX2 代表陕西省。

图 5 - 3   2004～2012 年工业固体废物排放量的时间趋势

5.1.3   实证结果分析

本书使用 Stata11.0 软件进行回归，重点考察征收环境税、排污费的环境治理效应。首先建立混合回归模型进行回归，经过 F 检验发现 $\alpha_i = 0$，即不存在个体效应的原假设遭到拒绝，这说明个体效应不能忽略；然后进行豪斯曼检验，选择采用固定效应模型还是随机效应模型进行回归。检验结果为，工业废水、工业二氧化硫和工业固体废物的回归方程均应建立固定效应模型，回归结果如表 5 - 2 所示。

表 5 - 2　　　　　　　　　**征收环境税费效应的回归结果**

变量	工业废水		工业二氧化硫		工业固体废物	
	模型 1	模型 2	模型 3	模型 4	模型 5	模型 6
lzys	0. 1669 *** (4. 42)	0. 1659 *** (4. 48)	0. 0965 ** (2. 57)	0. 0999 *** (2. 62)	0. 1562 *** (3. 11)	0. 1585 *** (3. 23)
lpwf	0. 1769 *** (4. 73)	0. 1753 *** (5. 09)	0. 2235 *** (6. 01)	0. 1931 *** (5. 45)	0. 1703 *** (3. 43)	0. 1668 *** (3. 65)
lcjs	0. 0005 (0. 01)	—	0. 0644 (0. 69)	—	0. 0098 (0. 08)	—
ltds	- 0. 0183 (- 0. 76)	—	- 0. 0682 *** (- 2. 87)	—	0. 0163 (0. 51)	—
lgds	0. 005 (0. 25)	—	0. 0597 *** (2. 98)	—	0. 0047 (0. 18)	—
lrjgdp	- 0. 2412 * (- 1. 8)	- 0. 2617 *** (- 3. 81)	- 0. 2859 ** (- 2. 15)	- 0. 2285 *** (- 3. 23)	0. 2595 (1. 46)	0. 3044 *** (3. 34)
lzj	- 0. 1986 (- 1. 18)	- 0. 2136 (- 1. 54)	0. 0762 (0. 46)	0. 1557 (1. 09)	0. 5187 ** (2. 32)	0. 5600 *** (3. 04)
_cons	11. 4869 *** (10. 76)	11. 7082 *** (19. 02)	3. 9723 *** (3. 74)	3. 7460 *** (5. 91)	2. 7412 * (1. 93)	2. 3310 *** (2. 85)
sigma_u	0. 8659	0. 8627	0. 6181	0. 6804	0. 7965	0. 8229
sigma_e	0. 1554	0. 1547	0. 1544	0. 1592	0. 2064	0. 2053
rho	0. 9688	0. 9688	0. 9412	0. 9481	0. 9371	0. 9414
模型	FE	FE	FE	FE	FE	FE

注: * 、** 、*** 分别表示系数通过 0. 10、0. 05、0. 01 的显著性检验。回归系数括号内的数表示 t（或 z）统计值。FE 为固定效应模型。

在工业废水排放的固定效应模型（模型 1）中，资源税和排污费在 0. 01 水平显著，人均 GDP 在 0. 10 水平显著。其他税收系数不显著。资源税增加 1%，工业废水排放量增加 0.1669%，排污费增加 1%，工业废水排放量增加 0.1769%，人均 GDP 增加 1%，工业废水排放下降 0.2412%。资源税和排污费与工业废水的排放量呈正相关关系，说明中国环境税费的制度设计和税率水平没有对排污者起到应有的抑制污染的作用。城市维护建设税、城镇土地使用税和耕地占用税则系数不显著，说明这些税种在工业废水排放治理中所起作用不明显。

为了更进一步考察资源税和排污费的影响，把模型 1 中回归不显著的城建税、城镇土地使用税和耕地占用税略掉，再进行回归。进行 F 检验和豪斯曼检验后，依然选择固定效应模型（模型 2）。资源税和排污费在模型 2 中依然非常显著，与工业废水排放呈正相关关系，但是系数比模型 1 略有下降，说明资源税和排污费导致工业废水排放增加的程度稍有下降。人均 GDP 系数显著为负，当人均 GDP 增加 1%，工业废水排放量减少 0.2617%，这与实践不符，可能是工业废水排放量测量存在误差，也可能是本书样本容量的大小等原因造成的。

在模型 1 和模型 2 中，政府竞争系数均不显著，说明各省（自治区、直辖市）为了争夺经济增长源和力保税收增长率，放松了税费政策的执行力度，所以，没有出现预想的对工业废水排放量的负影响。

在工业二氧化硫排放量的固定效应模型（模型 3）中，排污费、城镇土地使用税和耕地占用税均在 0.01 水平显著，资源税在 0.05 水平显著。排污费和资源税的系数为正，排污费和资源税增长 1%，则导致二氧化硫排放增加 0.2235% 和 0.0965%。可见，排污费和资源税不但没有控制工业二氧化硫的排放，反而促进了工业二氧化硫的排放。城镇土地使用税与工业二氧化硫排放呈负相关关系，城镇土地使用税增加1%，二氧化硫减排0.0682%，减排效应明显。模型4中，把效果不显著的城建税、城镇土地使用税和耕地占用税略掉，重新进行回归。结果显示，资源税和排污费系数依然显著为正，经济发展水平对工业二氧化硫排放量的影响比模型3更加显著。

在工业固体废物的固定效应模型（模型5）中，资源税和排污费均在0.01水平显著，系数为正；资源税增加1%，工业固体废物排放量增加0.1562%；排污费增加1%，工业固体废物排放量增加0.1703%，其他税种不显著。在模型6中，把不显著的城建税、城镇土地使用税和耕地占用税去掉，结果显示，资源税、排污费、人均GDP、政府竞争在0.01水平显著。特别是控制变量人均GDP对工业固体废物的排放影响显著，人均GDP增加1%，工业固体废物排放增加0.3044%；政府竞争增加1%，工业固体废物排放增加0.56%。这也是控制变量在六个模型中回归最显著的，说明随着经济发展水平提高、地方政府追求地方税收收入的增加，地方环境不断恶化，工业固体废物的排放量不断增加。

综上可见，中国环境税费的环境治理效应不明显，这与中国当前环境税费征收标准过低、征收管理不严、地方政府重视度不够有很大关系。中国资源税的环境治理功能欠缺，主要原因是资源税主要功能是调节自然资源的级差收入，不是环境治理。排污费没有起到应有的环境治理效应，主要原因是排污费征收标准过低，甚至低于企业的治污成本，因此，政府排污费收入增加的同时，企业依然在扩大工业生产，增加污染物排放。

另外，其他税种效应也不明显，比如耕地占用税主要是保护耕地资源，对于耕田变更用途而征收的一种税。城镇土地使用税主要是对城市、县城、建制镇和工矿区所征收的税，不包括农村地区。城镇土地使用税对于使用国有土地资源的企事业单位或个人按照占用土地面积进行征税，提倡土地资源的有偿使用，对于土地资源的保护能在一定程度上起到积极作用，但是环境保护的功效不明显。税收政策作为灵活的市场调节手段，今后应该在征税环节、征税标准、征税处罚、征税监管等环节制定能起到积极实效作用的制度，从而促进环境的质量改善，提高环境治理效应。

在控制变量中，各省（自治区、直辖市）为在政府竞争中取得优势地位而采取放松环境监管的方法，使得环境税收不但没有发挥污染治理效果，反而成为地方政府谋取地方财政收入的一个合法手段。同时，某些地方政府盲目追求地方 GDP，放松环境保护和治理，导致高能耗、高污染的粗放型经济过度发展，环境污染得不到有效治理，水环境、空气环境等日益恶化。

5.2 征收税费环境治理效应的空间 计量分析：基于污染溢出

由于自然条件地理位置等客观因素的影响，一个地区的环境质量必然会受邻近地区污染排放的影响，即环境污染具有溢出性。空间计量经济学就是明确考虑空间影响（空间自相关和空间不均匀性）的方法。

此外，由于地理位置的相邻，容易导致越界污染，各个地区的环境污染不可能相互独立，因此，在建立模型时应该考虑这种空间相关性。鉴于环境污染存在空间相互影响，对税收政策的治理效应产生一定影响，本书将引入空间相关因素，对中国征收税收的环境治理效应进行空间面板分析。

5.2.1 模型构建

5.2.1.1 空间相关性

一般采用 Moran's I 指数进行全域空间相关性分析。Moran's I 指数的计算公式为：

$$Moran's \quad I = \frac{\sum\limits_{i=1}^{n} \sum\limits_{j=1}^{n} W_{ij}(Y_i - \bar{Y})(Y_j - \bar{Y})}{S^2 \sum\limits_{i=1}^{n} \sum\limits_{j=1}^{n} W_{ij}} \qquad (5-4)$$

其中，$S^2 = \frac{1}{n} \sum\limits_{i=1}^{n} (Y_i - \bar{Y})$，$\bar{Y} = \frac{1}{n} \sum\limits_{i=1}^{n} Y_i$。本书中，$Y_i$ 表示第 i 个省（自治区、直辖市）的观测值。W_{ij} 为二进制的邻近空间权值矩阵，用于表示各省（自治区、直辖市）之间的相互邻接关系，通常采用是否有共同边界作为标准。如果两个地区相邻，则 W_{ij} 取值为 1，否则，取值为 0。Moran's I 取值范围是 $-1 \leqslant$ Moran's $I \leqslant 1$。Moran's I 大于 0，表明变量在空间分布上具有明显的正相关关系；等于 0，表明变量为空间随机分布；小于 0，表明变量之间具有负相关关系。

5.2.1.2 空间面板回归模型

空间面板回归模型通过建立空间权重矩阵，对一般面板回归进行修正，主要包括空间误差模型和空间滞后模型。

空间滞后模型表达式为：

$$y = \rho W y + \beta X + \delta Control + \varepsilon \qquad (5-5)$$

其中，y 为被解释变量；X 为解释变量矩阵；ρ 为空间回归系数；W 为空间权重矩阵，空间滞后因变量 Wy 为内生变量，反映空间距离对区域行为的作用；$Control$ 为控制变量；ε 为随机误差项向量。

空间误差模型表达式为：

$$y = \beta X + \delta Control + \varepsilon \qquad (5-6)$$

$$\varepsilon = \lambda W \varepsilon + \mu \qquad (5-7)$$

其中，ε 为随机误差项向量；λ 为截面因变量向量的空间误差系数，参数 λ 衡量样本观察值中的空间依赖性，也就是衡量相邻地区观察值 y_j 对本地区观察值 $y_i (i \neq j)$ 的影响方向和程度；μ 为随机误差向量。

5.2.2 变量选择和数据来源

5.2.2.1 变量选择

（1）被解释变量。环境自身具有自净能力，但是，人类社会直接或间接向自然环境排放污染物，超过了环境自净承受范围，导致环境质量下降。本书以工业废水排放量（fs，万吨）、工业二氧化硫排放量（so_2，万吨）[①] 和工业固体废弃物排放量（gf，万吨）作为被解释变量，因为污染物排放量的下降，特别是绝对值下降，是环境财税政策追求的最佳治理效应。

---

① 由于 2013 年《中国环境统计年鉴》、《中国统计年鉴》里没有工业废气的统计数据，只有工业废气中分类污染物的数据，因此，在此选择废气的重要污染物二氧化硫作为工业废气的代表变量。

（2）解释变量。本节主要考察污染溢出性下征收税费的环境治理效应，因此，解释变量为各个环境类税种和排污费。具体为：排污费（pwf，万元）、资源税（zys，亿元）、城建税（cjs，亿元）、土地使用税（tds，亿元）和耕地占用税（gds，亿元）。各解释变量的系数符号不确定，因为有可能随着排污费、资源税的征收污染物排放下降，环境治理效应明显；也有可能，随着环境税费的收入增加，反而污染物呈现更多的排放，因为，排污者衡量治污成本和税费成本后，宁愿选择缴纳环境税费，而不是积极治理污染。

（3）控制变量。除了解释变量，其他因素也会影响环境污染治理水平，为了获得更稳健的估计结果，引入如下变量为控制变量：

①经济发展水平。用人均国内生产总值（$rjgdp$，元/人）衡量经济发展水平，预计该符号为正，即经济发展水平越高，环境污染水平也会越高。

②政府竞争。用税收收入占地方生产总值的比例衡量政府竞争（jz，%）。地方政府间为争夺资源和要素而产生的策略互动研究始于Tiebout"用脚投票"模型，认为用脚投票形成的税收和支出组合竞争可以使公共产品供给实现帕累托最优。分税制改革后，地方政府财力下降，但事权却在不断增加，激励地方政府追求更多的地方GDP，这就是政府竞争产生的源泉。政府竞争的结果是各个地方政府采用降低税负、放松环境管制的方式提高本地竞争力，导致环境污染日益严重，相关税费的环境治理效应产生"趋劣现象"。预计系数符号为负。

③空间权重。本书对拥有共同边界的地区视为相邻地区，即权重设为1，否则为0。空间权重经过行标准化处理，用每个元

素同时除以所在行元素之和，使得每行元素之和等于 1。

5.2.2.2　数据来源

本书数据来自 2003～2012 年中国大陆 30 个省（自治区、直辖市）（不包括西藏自治区），所有数据来自历年《中国环境统计年鉴》、《中国统计年鉴》和中经网统计数据库。

5.2.3　空间相关性与实证结果分析

5.2.3.1　空间相关性检验

变量空间相关性检验在空间计量中非常重要，是空间面板回归的前提。首先对各个变量进行检验，只有工业二氧化硫和工业固体废物通过显著性检验，且 Moran's I 指数为正，说明变量存在正相关关系。同时，检验中发现 Moran's I 指数下的各变量取原始数据比取对数要更加显著，因此，本书数据均为原始数据，不进行对数化处理。

运用拉格朗日乘子检验进行空间计量模型的选择①，结果如表 5 - 3 所示。

_____

① 包括空间滞后效应拉格朗日乘子检验（LM test-spatial lag）、空间误差效应拉格朗日乘子检验（LM test-spatial error）、稳健的空间滞后效应拉格朗日乘子检验（Robust LM test-spatial lag）、稳健的空间误差效应拉格朗日乘子检验四个统计检验（Robust LM test-spatial error）。

表 5 - 3 空间变量拉格朗日乘子检验结果

项目	工业二氧化硫		工业固体废物	
	统计量	P 值	统计量	P 值
LM test-spatial lag	41. 264	0. 000	10. 667	0. 001
Robust LM test-spatial lag	12. 224	0. 000	33. 244	0. 000
LM test-spatial error	30. 179	0. 000	0. 133	0. 715
Robust LM test-spatial error	1. 139	0. 286	22. 710	0. 000

由表 5 - 3 可以看出，作为被解释变量的工业二氧化硫、工业固体废物皆存在显著的空间依赖关系，可以进行空间面板计量模型分析。由于空间相关性检验结果中，空间滞后模型的 LM test-spatial lag 检验和 Robust LM test-spatial lag 均比空间误差模型检验显著，因此采用空间滞后模型。面板数据需要经过检验选择固定效应模型还是随机效应模型，结果表明，采用固定效应比随机效应效果更好。所以，选择建立环境税费的空间面板固定效应模型。

5.2.3.2 结果分析

经过空间滞后模型回归，发现工业二氧化硫和工业固体废物的空间加权变量均在 0. 01 水平显著，系数分别为 0. 41 和 0. 30。空间加权变量的显著性说明环境污染具有明显的溢出性，并且工业二氧化硫的溢出性比工业固体废物明显。征收环境税费的环境治理效应空间面板回归结果如表 5 - 4 所示。

表 5 - 4   空间滞后模型回归结果

变量	工业二氧化硫	工业固体废物
pwf	0.01 (0.21)	0.05 *** (96.56)
zys	0.48 *** (6.79)	112.16 *** (5.62)
tds	- 0.08 * (- 1.92)	- 4.07 (- 0.32)
cjs	- 0.07 ** (- 2.47)	5.10 (0.65)
gds	- 0.05 (- 1.26)	16.75 (1.39)
rjgdp	0.01 (- 0.22)	- 0.03 (- 1.07)
jz	1.34 * (1.67)	- 94.26 (- 0.47)
W * dep. var.	0.41 *** (6.77)	0.30 *** (4.91)
R - sq	0.9601	0.8565
模型类型	FE	RE

注: * 、 ** 、 *** 分别表示系数在 0.10、0.05、0.01 的显著性水平上显著。回归系数括号内的数表示 t 统计值。FE 为固定效应模型, RE 为随机效应模型。

工业二氧化硫的空间面板模型的拟合优度为 0.9601, 效果较好。资源税、城镇土地使用税和城市维护建设税均通过显著性检验, 系数分别为 0.48、 - 0.08、 - 0.07。由系数的符号可见, 征收城镇土地使用税和城市维护建设税对减少工业二氧化硫排放发挥积极作用。征收 1 亿元城镇土地使用税, 工业二氧化硫排放下降 0.08 万吨; 征收 1 亿元城市维护建设税, 二氧化硫排放下降 0.07 万吨，虽然系数数值不是很大，但抑制二氧化硫排放的作用已经显露。城市维护建设税的税款专款专用，主要用于环境质量改善，对于二氧化硫的减排起到一定作用。控制变量政府竞争在 0.10 水平上通过显著性检验，系数为 1.34，说明各个地方政府为了追求本地区 GDP，竞相上项目，扩大地区内工业生产规模，从而导致二氧化硫排放量增加。因此，在二氧化硫减排过程中，必须对地方政府的政绩考核多元化，不能单靠经济成绩来衡量，有必要把环境改善情况纳入考核指标。

工业固体废物的空间面板回归模型的拟合优度为 0.8565。其中，排污费和资源税均通过显著性检验，系数分别为 0.05 和 112.16，系数符号为正，说明排污费和资源税对于工业固体废物排放没有起到应有的约束作用，主要与排污费和资源税的制度设计、征收标准、征管力度有较大关系。

综上可见，中国环境税费在环境治理效应方面有一定作用，但是作用不明显，这与中国实际情况相符合。随着经济发展，中国税收收入一直不断增加，但是，污染排放也一直增加。实证结果表明城市维护建设税、城镇土地使用税等税种在环境治理中发挥了积极作用，但是，环境税制整体还需要不断完善和改进。

5.2.4　结果对比

空间计量结果和 5.1.3 节的一般面板分析回归结果对比发现：在一般面板分析中，排污费与工业污染物的排放量呈正相关关系，系数通过显著性检验，对工业二氧化硫的影响最明显。排污费增加 1%，工业二氧化硫排放量增加 0.1931%，工业固体废物排放量增加0.1668%。在考虑污染的溢出的空间计量模型中，排污费对工业二氧化硫影响不显著，对工业固体废物的影响显著，而且，排污费与工业固体废物的正相关关系没有改变，排污费增加1单位，工业固体废物增加0.05万吨。由系数的符号为正可见，排污费没有发挥出应有的环境治理效应。

一般面板回归分析中，资源税增加1%，工业二氧化硫排放增加0.0999%，工业固体废物增加0.1585%。在空间计量模型中，资源税增加1单位，工业二氧化硫和工业固体废物的排放量分别增加0.48万吨和112.16万吨。由系数的符号均为正可见，资源税的环境治理效应不明显。

一般面板回归分析中，耕地占用税增加1%，工业二氧化硫增加0.0597%，对工业固体废物的减排作用不显著；城镇土地使用税增加1%，二氧化硫排放量下降0.0682%；城市维护建设税作用不显著。在空间计量模型中，耕地占用税作用不显著；城镇土地使用税增加1单位，工业二氧化硫排放量下降0.08万吨；城市维护建设税增加1单位，工业二氧化硫下降0.07万吨。

综上，在空间计量模型中耕地占用税、城镇土地使用税和城市维护建设税都发挥了一定的积极作用。但是，排污费和资源税的环境治理功能不显著，甚至出现了与工业二氧化硫和工业固体废物排放正相关的结果，这表明中国排污费和资源税的制度设计，不是以环境治理为主要目的，今后应进一步增加其环境治理条款，促进环境治理效应的提高。

5.3 税收优惠的环境治理效率分析

5.3.1 模型构建

DEA 是指通过保持决策单元的投入不变，追求产出最大化，或保持产出不变，追求投入最小化。DEA 往往借助于线性规划构建生产前沿面，将各个决策单元投影到生产前沿面上，通过比较偏离前沿面的程度来评价决策单元的相对有效性，找出导致其效率不足的投入冗余或产出不足，从而为决策单元改善效率提供依据和方向。DEA 方法的优点为：无须对数据进行无量纲化处理，无须对指标进行权重假设，具有较强的客观性，在处理投入产出的有效性评价方面具有绝对优势[①]。

一个 DEA 模型往往包含 n 个决策单元，每个决策单元有 m 个投入，s 个产出[②]。则每个决策单元的投入向量为 $x_i = (x_{1i}, x_{2i}, \cdots, x_{mi})^T$，产出向量为 $y_i = (y_{1i}, y_{2i}, \cdots, y_{si})^T$。投入的权向量为 $v = (v_1, v_2, \cdots, v_m)^T$，产出的权向量为 $u = (u_1, u_2, \cdots, u_s)^T$。由此，每个决策单元的 DEA 效率评价指数为：

---

① Banker R D, Abraham Charnes, William Cooper. Some models for estimating technical and scale inefficiencies in Data Envelopment Analysis [J]. Management Science. 1984 (30)：pp. 1078 – 1092.

② DEA 模型中的 n、m、s 均为正整数。

$$\max h_j = \frac{\sum\limits_{r=1}^{s} u_r y_{rj}}{\sum\limits_{i=1}^{m} v_i x_{ij}} \qquad (j = 1, 2, \cdots, n) \qquad (5-8)$$

其中，h_j 取值范围为 $[0, 1]$，越接近 1，越效率高。当 $h_j =$ 1 时，称决策单元是 DEA 有效（C^2R）的。为了便于检验决策单元的 DEA 有效性及规模效益，考虑带有松弛变量的具有非阿基米德无穷小量 ε 的 C^2R 模型：

$$\begin{cases} \min[\theta - \varepsilon(e_1 s^- + e_2 s^+)] \\ \text{s. t.} \\ \sum\limits_{j=1}^{n} x_j \lambda_j + s^- = \theta x_k \\ \sum\limits_{j=1}^{n} y_j \lambda_j - s^+ = y_k \\ \lambda_j \geqslant 0, \ j = 1, 2, \cdots, n \\ s^+ \geqslant 0, \ s^- \geqslant 0 \end{cases} \qquad (5-9)$$

其中，$\sum\limits_{j=1}^{n} \lambda_j = 1$ 表示规模效益不变；$\sum\limits_{j=1}^{n} \lambda_j < 1$ 表示规模效益递增；$\sum\limits_{j=1}^{n} \lambda_j > 1$ 表示规模效益递减。$e_1^T = (1, 1, \cdots, 1)_{1 \times m}$，$e_2^T = (1, 1, \cdots, 1)_{1 \times s}$，$s^-$ 表示投入冗余，s^+ 表示产出不足。

DEA 自我评价效率往往选择最有利于决策单元的权重，因此，可能导致自我评价效率值不能真实反映每个决策单元的优劣[①]。为了把 DEA 方法拓展到互评模式，而非纯粹的自评模式，引入交叉评价模型：

---

① 魏权龄：《数据包络分析》，科学出版社 2004 年版。

$$\begin{cases} \min y_k^T u \\ \text{s. t. } y_j^T u \leqslant x_j^T v, \ y_j^T u = E_{ii} x_j^T v, \ x_k^T v = 1, \ u \geqslant 0, \ v \geqslant 0, \ 1 \leqslant j, \ k \leqslant n \end{cases}$$
$$(5-10)$$

其中，E_{ii} 是自我评价效率值。

5.3.2 变量选择和数据来源

DEA 投入指标和产出指标必须具有相互独立性和对应性，并且能够系统说明所研究的效率问题。以税收角度进行环境治理效率 DEA 分析，以税收优惠作为投入比较合适，因为税收优惠是减轻积极治理污染的纳税人税负的方式，也就属于变相的国家环境治理税收投入。基于此，以节能减排的税收减免税数据（元）、税务人员（万人）作为投入变量。以烟尘、粉尘、二氧化硫去除量（万吨），三废综合利用产品产值（万元）和一般工业固体废物综合利用量（万吨）作为产出变量，建立 CCR 模型。

本书使用的投入产出数据来源于国家税务总局、中国统计年鉴、中国税务年鉴，研究范围覆盖中国大陆地区 30 个省（自治区、直辖市）（不包括西藏自治区）。借助 Matlab 7.0 软件进行数据运算，运用含非阿基米德无穷小量（取 $\varepsilon = 10^{-10}$）的 DEA 自我评价模型对中国税收优惠节能减排的环境治理效率进行实证分析。

5.3.3 实证结果分析

2008～2010 年中国大陆 30 个省（自治区、直辖市）中，税收优惠的环境治理效率不断提高的为天津市、贵州省和宁夏回族自治区（见图5-4）。这说明税收减免优惠在这三个省（自治区、直辖市）发挥作用较为充分，税收优惠对三废去除量的贡献较大，排污者能改变生产的污染行为，积极运用税收优惠措施。效率降低的为河北省、内蒙古自治区、吉林省、福建省、广西壮族自治区等省（自治区、直辖市）。以河北省为例，由于污染性工业企业数量较多，享受税收减免优惠较少，导致污染排放逐年增加，税收优惠的环境治理效率不断降低。效率一直维持较低水平的为海南省和新疆维吾尔自治区，其中，新疆维吾尔自治区和海南省的税收优惠效率低，不能代表其环境治理差，而是说明税收优惠刺激环境治理的作用不显著，因为，海南省和新疆维吾尔自治区企业数量相对较少，环境质量一直较好，节能减排税收优惠就没有表现出环境治理的效果。

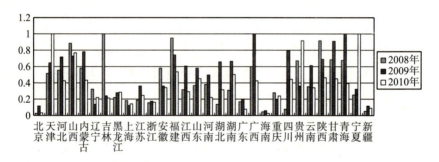

图5-4 2008~2010年税收优惠环境治理效率的自我评价值

总体来看，中国大多数省（自治区、直辖市）的税收优惠环境治理效率都在0.6以下，效率较低，今后应该在对排污者征收环境税费、加大污染违法成本的同时，不断加大税收优惠力度，在增值税、企业所得税等主要税种中，对于利用废渣等为原材料的企业给予大幅度减免税优惠，充分鼓励企业进行污染治理，享受应有的税收政策照顾，减轻企业的环境治理成本，鼓励社会环保产业的大力发展。

5.4　本章小结

本章运用一般面板模型、空间计量模型和数据包络分析等研究方法，对税收政策的环境治理效应进行了实证研究。首先，从征收税费角度，对征收资源税、城市维护建设税、城镇土地使用税、耕地占用税、排污费等的环境治理效应进行一般面板数据回归分析，并对面板模型中的影响因素进行了分析。考虑到污染具有溢出性，建立了空间计量模型，对征收税费的环境治理效应进行实证研究，并且把实证结果与面板回归结果对比分析。研究结果表明，排污费作为中国目前促进环境治理的重要手段，不但没有起到应有的抑制排污作用，反而与污染物排放呈正相关关系，其他各个税种的环境治理效应也各不相同。其次，从税收优惠角度，对中国节能减排税收优惠政策的环境治理效率进行了数据包络分析，结果表明，各省（自治区、直辖市）之间环境治理效率差别较大，总体上效率普遍较低，应进一步加大税收优惠政策的宣传力度，让生产者及时了解并用足税收优惠政策，通过税负减轻实现税收优惠的激励环境治理目的。

6

结论与建议

6.1 结　　论

本书运用规范分析、统计分析、面板分析、空间计量和 DEA 等研究方法，对中国财税政策的环境治理效应进行系统研究。主要内容为：一是对财税政策促进环境治理进行文献综述；二是阐述财税政策促进环境治理的作用机制；三是对中国财税政策的环境治理效果进行规范分析；四是在规范分析基础上，分别采用面板分析、空间计量分析和数据包络分析等方法对中国财政政策的环境治理效应进行实证研究；五是分别采用面板分析、空间计量分析和数据包络分析等方法对中国税收政策的环境治理效应进行实证研究；六是根据以上分析结果，提出环境治理财税政策改革建议。本书的主要研究结论为：

（1）对财税促进环境治理的作用机制进行理论分析。首先，从污染治理投资、财政转移支付、政府绿色采购等方面，对财政政策促进环境治理的作用机制进行理论分析；其次，从征收排污费、环境税，税收优惠等方面，对税收政策促进环境治理的作用机制进行理论分析；最后，把环境财税政策与"命令—控制"行政手段和许可证交易手段进行比较，实践中各种政策都有自己的优势，通过比较，为以后的政策改革奠定理论基础。

（2）对中国环境财税政策实施状况进行分析。财政政策方面，污染治理投资、财政转移支付以及政府绿色采购的规模不断扩大，这些手段都属于环境保护财政政策范畴。在财政政策分析中，地方政府盲目追求 GDP，没有足够重视环境治理的严峻性。直到 2007 年，中国才把环境保护财政支出正式纳入财政预算。但是，与教育、卫生等其他公共服务支出相比，环境保护财政支出比重偏低，规模偏小，结构不合理，这些均制约了财政政策的环境治理作用。财政转移支付目前主要靠中央对地方的纵向转移支付，缺乏省际污染溢出的横向转移支付。绿色采购能在一定程度上扩大环境标志产品的销售规模，刺激生产者的积极性，但是不可否认，中国绿色采购政策执行过程中，发挥的环境治理作用有限，权力寻租的弊端不可避免。

税收政策方面，中国目前没有单独的环境税，主要依靠排污费以及资源税、消费税、城市维护建设税、城镇土地使用税等税种个别条款发挥环境治理作用。这些税费在一定程度上能增加排污者的成本，约束其污染物排放，但是总体上这些税种占税收总收入和 GDP 比重较低，甚至是越来越低，污染治理效果不明显。如果增加排污者的税负是一种约束，那么减轻积极进行环境治理的税负就是一种激励，对于符合条件的生产者或环保产业，可以享受增值税、企业所得税的减免税收优惠，鼓励其减少污染物排放。但是，从总体效果看，由于各个税种设置的初衷并不是环境治理，因此，税收政策在实践中发挥的约束和激励作用有待进一步改善。

（3）对财政政策环境治理效应的实证研究，是本书的核心内容。由于环境保护财政支出中的财政转移支付和绿色采购的统计数据缺失，因此，本书选择环境保护财政支出代表财政政策变量，进行环境治理效应的面板模型回归分析，旨在从各省（自治区、直辖市）的视角研究中国财政政策的环境治理效应。

污染溢出是环境污染的一个特点，相邻地区环境污染容易出现空间集聚效应，基于此状况，建立空间计量模型对财政政策的环境治理效应进行回归分析就非常有必要。通过和面板回归分析结果对比发现，两种模型中财政政策的环境治理效应均较为明显，增加环境保护财政支出能有效降低工业废水、工业二氧化硫和工业固体废物等污染物的排放。

在财政政策手段中，污染治理投资是一个重要手段。本书以污染治理投资代表财政政策，进行 DEA 效率分析，结果表明，各省（自治区、直辖市）环境治理效率普遍较低，省际差异较大，效率的高低与其经济发达程度无关。并且，对影响财政政策环境治理效率的因素进行 Tobit 面板回归分析，结果表明，财政分权、公众参与等对各省（自治区、直辖市）的环境治理效率有一定影响。

（4）对税收政策的环境治理效应进行实证研究。征收税费角度，以征收的资源税、城市维护建设税、城镇土地使用税、耕地占用税和排污费作为解释变量，工业废水、工业二氧化硫和工业固体废物的排放量作为被解释变量，建立面板数据模型，对税收政策的环境治理效应进行实证研究。同时，把经济发展水平、人口规模、固定资产投资等作为控制变量，进行影响因素分析。

考虑到污染具有溢出性，建立空间计量模型，对征收各个税费的环境治理效应进行实证研究，并且把实证结果与面板回归结果对比。结果表明，排污费作为促进环境治理的重要手段，没有起到抑制排污的作用，反而与污染物排放呈正相关，其他各税种的环境治理效应显著程度各不相同，资源税的治理效应不明显，城市维护建设税、耕地占用税等比较明显。

从税收优惠角度，对中国节能减排税收优惠的环境治理效率进行了 DEA 实证研究。结果表明，各省（自治区、直辖市）税收优惠的环境治理效率差别较大，总体上效率普遍偏低。

以上分析结果对中国环境财税政策的改革有一定借鉴意义，特别是在环境污染日益严重、环境政策发挥作用不理想的情况下，研究如何进一步改革财政政策和税收政策，提高其治理效应，有着重要的现实意义。

6.2 政策建议

结合上述财政政策和税收政策的研究结果，本书提出环境财税政策的改革建议。

6.2.1 改革目标及原则

环境治理财税政策是促进经济发展方式转变、有效应对环境污染、实现经济绿色增长的重要保障措施。当前，全球正在携手积极应对日益恶化的环境问题，中国环境治理财税政策改革已经融入世界财税政策改革大潮①。

中国十八届三中全会提出要进一步深化财税体制改革。环境财税政策改革目标是：以科学发展观为指导，根据生态环境的实际情况，进一步修订和完善强化环境治理的相关财税政策，进一步加大污染治理投资、财政转移支付和绿色采购的力度，进一步加大排污费、消费税、资源税等相关税种的改革和立法力度，建立与之相符的税收体系，进一步明确政府部门职责、落实环保责任、提高执行效率，推动环境治理工作向着全面、健康、可持续的方向发展，让广大人民群众享受到生态文明建设的红利。

环境财税政策改革的基本原则：一是支出透明原则。政府污染治理投资、转移支付、绿色采购等涉及的财政支出项目、支出金额、支出程序等内容要及时向社会公开，提高财政资金使用的透明度。二是事权法定原则。政府环保责任、履职程序，消费税、资源税、排污费等相关税费的征收额度、征收范围和征收环节等内容要有明确的法律规定，做到有法可依、有法必依、执法必严，提高政府公信力和政策法规的权威性。三是公平效率原则。环境财税政策改革要提高效率、兼顾公平，要有利于国家宏观经济调控，有利于实现环境治理效益的最大化。四是审计监管原则。审计监管能提高环保财政支出、转移支付以及绿色采购资金、税费的使用效率，进而发挥财税政策对环境治理的促进作用。

---

① 财政政策和财政制度的概念不同。财政制度按载体形式的差异，可分为财政政策和财政立法。

6.2.2　完善财政政策

6.2.2.1　财政支出

（1）增加财政支出规模。

近年来，中国环保财政支出呈明显增加趋势，但是与西方国家污染治理高峰期和中国污染治理的实际需要相比还相差甚远。据测算，要完成《国家环境保护"十二五"规划》（简称《规划》）设定的环保目标，"十二五"末期中国环保投资约为 7 011 亿元，占 GDP 比重约为 1.26%；如果要实现 2015 年中国环保投入占 GDP 比重达到 21 世纪初发达国家水平，中国环保投资需按照平均每年 25.86% 的速度增长。"十二五"期间，所需环保投资总额约为 5 万亿元，远高于《规划》中所估计的目标 3.4 万亿元[①]。可见，继续加大环保投资在政府财政支出中的比重势在必行。

中国政府应逐步提高环境保护支出额度和比重，确保中央和地方环境保护支出增长率高于本级财政支出增长率，保证环境保护支出增长率高于经济增长率，推动节能减排和环境污染治理等工程建设，建立生态补偿专项资金，形成长期、稳固的中央和地方激励约束机制。

同时，进一步优化环境保护资金来源结构，拓宽融资渠道，引入民间资本，建立政府、市场等多方参与的长效机制，多渠

---

① 石磊、谭雪：《"十二五"我国环保投入中财政支出估算》，载于《中国环境报》2013 年 8 月 15 日。

道、多方式筹集资金，提高环保投资效益，形成"财政资金为主、非财政资金为辅"的环保投资局面。2011年，中国3 000多座污水处理厂中，采取特许经营模式的占42%。今后，企业仍然需要继续发挥环保投资的主体作用，进一步加大污染治理的投入①。截至2009年底，全国污水处理厂的市场化程度达到44.5%；BOT、TOT、BT、托管等方式分别占29.1%、5.0%、2.3%和8.1%，可见，BOT模式是已投入运营污水处理厂市场化投资的主流模式②。

（2）优化财政支出结构。

首先，要增加环境保护财政支出，提高环境保护财政支出占GDP的比重，改善环境、治理污染，同时提升环保产业在三次产业结构中的比重；其次，将环保财政支出从重视事后治理过渡到事前预防，加快建立污染物总量控制和许可证交易市场；最后，重点加强基层机构的环境监测设施和队伍建设，提高环境监测、应急处置和环境监察执法水平。

（3）提高财政支出效率。

环境治理财力的有限性决定了要把财政支出的重点放在效率评估和效益评价上，增强环境治理的能力建设和增加环境基础设施，强调财政支出的社会效益，重视环境质量能否实现人民群众对健康的需求。有效的环保支出可以提高环境质量，实现经济社会可持续发展。具体措施为：一是要强化投资管理，探索代价小、效益好、排放低、可持续的环境治理新路，把有限的资金用

---

① 王毅：《环保投入占GDP比重应尽快提高至3%》，载于《经济日报》2013年4月15日。

② 巨文聪：《BOT模式和政府投资模式下污水处理项目的实证对比研究》，载于《中国环境管理》2011年第4期。

在刀刃上，提高环境保护财政资金使用效率。二是要转变管理理念，不能只重视治理项目申报不重视项目实施。要坚持治理项目编制和执行并重，坚持加快项目实施进度与财政资金使用的安全性、规范性和有效性并重。三是要合理使用环境保护专项资金，对环保项目全过程跟踪监督，完善项目资金使用监督机制和管理体系，保证环保专项资金专款专用，集中解决较为突出的环境问题。四是要扶持环保科研创新，资金安排优先考虑重点环保产业、与群众生产生活密切相关的环保项目以及研发污染治理的新技术、新工艺等。鼓励和引导清洁生产，支持环保实用技术攻关和推广运用，提高环境治理科研水平。

6.2.2.2　财政转移支付

财政转移支付对于平衡中国地方经济发展、人均环境财政支出差异和环保能力，具有重要的调节作用。"十二五"规划对绿色发展的要求和对环保投入的明确规定，是构建中国环境财政转移支付体系的重要依据，为有效开展环境保护工作奠定了坚实基础。

在实施转移支付中，应充分考虑环境因素和地区差异，将环保功能区作为转移支付制度考虑的重要因素，逐步形成兼顾主体功能的财力转移支付框架。在中央对地方的一般性转移支付制度中，根据环境要素特点，增加国土面积、现代化指数、生态功能等内容；适当强化中央对地方专项转移支付中的环保支出比重，并且严禁地方政府挪作他用；加强地区间环境保护横向转移支付力度，开展地区间单向支援、对口帮扶，协调地区间的财政关系，处理好跨流域、跨地区的环境问题，有效应对跨地区的环境问题。加强地区间的横向转移支付，应由上级政府牵头，督促地方政府之间进行环保合作，克服地方保护主义对环境治理的制约，提高污染治理水平。

6.2.2.3 政府绿色采购

政府绿色采购是通过影响生产者的生产安排和消费者的消费倾向，对环境治理发挥宏观调控作用。与发达国家相比，中国缺乏对政府绿色采购的专门规定，应该借鉴发达国家经验，在《政府采购法》中补充关于绿色采购的当事人、采购方式、采购合同和采购程序等内容的规定。长期可以单独制定中国的政府绿色采购法，引导生产和消费的"绿化"改革。发达国家的政府绿色采购制度如表6-1所示。

表6-1　　　　　　　　　国外政府绿色采购制度

国家	制定时间	绿色采购内容
德国	1978年	政府采购含有环境保护因素的产品和服务，特别是，采购有环保标签的产品。政府的采购对象和采购过程要遵循循环经济准则，以促进环境产品和服务的销售和使用
美国	1991年	政府机构优先购买对人民健康和环境影响最小的环保标志产品和服务。比如，根据电子产品对环境的影响分为"金、银和铜"三类，供政府和消费者购买参考
日本	1994年	中央政府机构必须公开并实施绿色采购方案，对地方政府的要求略为宽松，要尽可能实施绿色采购，并且，每年中央和地方政府都要公开年度绿色采购的实施报告
欧盟	2001年	首先，通过降低税率，降低绿色产品的生产成本；其次，把环境标准融入产品和公共服务的设计和提供；最后，政府采购者和消费者可根据公布的环境保护信息辨认产品的环境标准，进行绿色购买

资料来源：姜爱华：《政府绿色采购制度的国际比较与借鉴》，载于《财贸经济》2007年第4期，第37~41页。

中国今后应加大政府绿色采购规模，透明化绿色采购流程，通过减免税收、财政补贴等手段鼓励企业进行环境标准产品的研发与生产，降低其生产成本，扩大其销售规模，刺激企业积极生产绿色产品。同时，对不达环境标准的产品不予政府采购，并对其生产予以限制。政府为了确保绿色产品供应商的产品数量充足，可在招标过程中对绿色产品的生产企业给予必要的价格倾斜，以调动其生产积极性。

同时，要建立绿色采购的绩效考评制度。通过制定相关法律法规，建立政府绿色采购的绩效考核指标，规定各级政府绿色采购的最低比例，并且每年对中央及地方政府的绿色采购完成情况进行考核，并作为政府业绩的一个重要考核指标，以此推动政府绿色采购的发展。同时，还要完善政府绿色采购的监督管理制度，对于政府绿色采购所涉及的采购人、供应商，招标、投标、评标和运输等进行监督，以防止权力寻租，干预政府绿色采购的公正性和公平性。

6.2.3 完善税收政策

中国的环境税改革有两种形式：一是在现有环境税费框架下，扩大征收范围，调整税率。但是这种改革涉及的对象比较分散，难以形成环境治理的合力。二是开征独立的环境税种，形成系统的环境税收调控体系，实现可持续发展与税收制度改革的深度融合①。

---

① 罗秦：《世界性环境税的最新发展与我国的应对》，载于《税务研究》2013年第 5 期，第 28～30 页。

6.2.3.1 完善现有环境税体系

（1）资源税改革。

中国在西部地区试点改革原油、天然气的资源税从价计征，增强了地方政府保障民生和环境治理的能力。资源税改革分三步：

第一步，提高资源税税率。本着资源的可再生性、稀缺程度、经济价值及其对环境的危害，分别制定不同的税率。特别是对于不可再生、非常稀缺、经济价值不大而且对环境有较大危害的资源，在充分考虑市场因素的前提下，应该提高资源税税率标准。但是，资源税税率提高，会引致税负向下游企业转嫁，因此，提高资源税税率改革必须采用"先试点，再逐步推广"的改革模式。

第二步，改变计税依据。从量定额计征有很大的局限性，不能体现资源价格和资源的稀缺程度。由从量计征改为从价计征，以资源产品销售收入作为计税依据，可以改变资源税与资源收益脱节的状况①。

以煤炭为例。煤炭资源税从量计征，税负较低，作用微乎其微，因此，煤炭导致的环境污染比较严重。现在煤炭价格回落，是进行资源税从价计征改革的最好时机，内蒙古自治区、山西省和贵州省计划2014年内启动煤炭资源税从价计征改革。比照油气资源税税率，可以对煤炭设置税率5%②。

---

① 并非所有资源都从价计征，体积大、价值小，价格变化幅度不大的资源，没有必要实行从价计征。

② 国税总局：《煤炭资源税从价计征办法很快出台》，载于《上海证券报（广州）》2014年3月11日。

第三步，扩大征税范围。可以将从价计征的资源范围逐步扩大到土地、海洋、森林、草原等自然资源，也可将城镇土地使用税、耕地占用税和水资源税费等逐步并入资源税统一管理。这样既能改变资源产地的财政收入状况，改善地方民生，又能促进自然资源的合理开发，对于重要污染源能够发挥限制开发、增加开发成本的作用，从而实现环境治理的目的。

（2）消费税改革。

扩大消费税计税范围。将高能耗的奢侈品，如高档实木家具、摩托艇和私人飞机等纳入征税范围；对造成环境污染的含磷洗衣粉、电池、氟利昂家电产品等纳入消费税计税范围①；把包装产业纳入征税范围，因为包装产业浪费大量纸张、橡胶等工业原材料，消耗木材、石油、钢铁等紧缺资源，并且消费者抛弃包装废弃物，也会加重对环境的污染。

调整消费税税率。消费税税率要对高污染、高能耗产品征收重税，低能耗低污染的节能产品则征收轻税，以体现消费税的环境治理效应。中国成品油消费税税率实行定额税率，难以与价格联动，应该根据油价适时调整成品油税率。参照国际经验，对于高硫燃油提高税率，对于低硫燃油、轻燃料油采用低税率，利于刺激对节能机动车的需求，推动节能机动车的研发、生产和消费。对使用减排技术、达到低污染排放值标准、需要鼓励发展的小汽车，设置低税率征税。

征税环节从生产环节改为零售环节。消费税属于间接税，消费者对于含税零售价没有意识，征收消费税的高低对于消费者的

---

① 2009年，化学电池总产量约335亿只，超过全球电池总产量的一半；太阳能电池总产量超过4 000MW，达到全球总产量的40%；我国年平均消费电池80亿只，废弃量约为40亿只。电池产业发展导致电池行业环境污染事件接连不断。

消费行为没有太多影响。建议把消费税征税环节改为零售环节，在发票上把价格和税款分开列示，提高消费者的纳税意识，影响消费者心理，从而抑制消费者对于高能耗产品的消费。

（3）排污费改革。

排污费制度近期内应保留，因为排污费比税收更具时效性和灵活性。环保部门可以及时根据污染物排放种类、数量和环境质量情况，合理改变排污费征收标准，有利于提高征管效率。因此，近期继续保留排污费制度①。

远期可以将其部分收费项目改为征税，积累一定经验后，再逐步将其他排污收费改为征税，最终将排污收费制度变为环境税。

（4）完善税收优惠政策。

以税收优惠激励企业进行环境治理，可以从优惠税种和优惠对象两个视角进行分析：

优惠税种视角。

消费税方面，在小汽车按照排气量大小实施不同的消费税率基础上，建议对新型能源（如天然气等）车辆给予减免税优惠政策，强化消费税对节能减排的调节作用；根据消费品的资源消耗水平实施差别税率，鼓励使用清洁能源、无污染能源。

增值税方面，对销售废旧物资、资源综合利用产品给予免税、全额退税、减半退税等优惠政策；对用于制造大型环保设备的进口关键零部件及原材料，免征进口增值税；进一步扩大资源综合利用的增值税减免优惠范围与力度；对用于污染治理、节能

---

① 刘喜丽：《税收促进节能减排研究》，http：//d. wanfangdata. com. cn/Thesis_ Y1794098. aspx，2010年。

减排的企业设备允许增值税进项抵扣或者按一定比率实施所得税抵免政策。

企业所得税方面，对企业从事符合条件的环境保护、节能节水项目及公共基础设施项目所得，实行"三免三减半"优惠政策。企业综合利用资源而生产的符合产业政策规定的产品，其销售收入允许按照70%计入应纳税所得额。对资源综合利用的中间产品，可以采取成本费用"加计扣除"方式给予减免税照顾，按照不同的情况给予不同的加计扣除。目前，公益性捐赠的企业所得税税前扣除比例为不超过当年会计利润的12%，建议在此基础上，进一步增加通过非营利社会团体或机关对环保事业的捐赠扣除比例。

优惠对象视角。

激励环保产业发展。从长期看，未来中国的环境税制主要以对环保产业的优惠为主①，降低相关环保设备和环保服务的价格，减轻环境治理成本，提高企业环境治理积极性。

激励环境技术创新。环境治理过程实际上也是环境技术创新过程。研究完善现有政策，使之更好地服务于环境技术创新，是促进企业转型升级的必然要求。投入环节，给予投资税收优惠，降低投资成本；研发环节，对研发设备购置、研发人员工资等，允许加计扣除，对环境研发设备允许加速折旧，对职工教育经费允许提高提取比例；成果转让环节，支持科技企业孵化器的发展，并进一步扩大技术转让收入的减免范围。

---

① 重点给予税收优惠照顾的环保产业，包括节能产业、资源循环利用产业和污染治理产业。

6.2.3.2 单独开征环境税

开征环境税是环境治理、可持续发展与税收制度的融合，环境治理效应将更有力、更明显。环境税的制度设计既要考虑理论上的合理性，又要考虑实践中的可行性，既要借鉴国外的有益经验，更要适合中国实际。

鉴于中国缺乏环境税制的设计和征管经验，应采取循序渐进的办法。开征初期，课征范围不宜太宽，应先从重点污染源和易于征管的对象入手，条件成熟后，再扩大征收范围。

环境税内容除了包括原来各税种的环境保护条款，还包括排污费。将排污费改为"排污税"，征管部门由环保部门改为税务部门，突出征收的强制性和严肃性①。环境税的课征范围应暂定为排放各种废水、废气（烟尘）和固体废物的行为。原因是上述污染物构成中国污染源的70%，对中国环境污染的影响最为严重。而且，对此类行为课税，中国既有征收排污费的经验作为基础，也有大量的国外经验可资借鉴（见表6-2）。这可以降低环境税制度的设计难度，而且在执行中可利用企业长期形成的缴纳排污费习惯，减少征收阻力。

环境税应该采取渐进式改革，不能一蹴而就。一是环境税可以下设多个税目，但不必同时开征；二是初始税率可以低些，实施一段时间后，根据企业的税负承受能力与调控效果，再适当提高税负。

---

① 2011年，"十二五"规划提出，要积极推进环境税费改革，选择防治任务繁重、技术标准成熟的税目开征环境保护税，逐步扩大征收范围。2012年，财政部提出将排污收费改为征收环境税，以增强企业环保意识，增加企业污染环境的代价，引导企业转变生产方式、节能减排，实现可持续发展。

表6-2   部分国家环境税的规定

国家	生效时间	环境税内容
爱尔兰	2009.12	对汽油和柴油征收每吨15欧元的碳税，2010年5月1日起对煤油、液化石油气和天然气等也开始征收，2012年碳税税率上调至每吨20欧元
德国	2010.9	航空运输生态环境保护税计划
南非	2010.9	对新上市的轻型汽车征收二氧化碳排放税
日本	2011.1	分三阶段开征环境税（地球气候变暖对策税），对化石燃料按照二氧化碳排放量征税，税率将在2013年和2015年逐步提高，自2015年4月1日以后满额征收
洪都拉斯	2011.7	对矿产开采经营者出口矿产品要按照离岸价的0.5%征收环境税
越南	2012.1	矿产品的征收税率如下：铁矿石（4万~6万越南盾/吨），锰矿石（3万~5万越南盾/吨），钛矿石（5万~7万越南盾/吨），煤炭（0.6万~1万越南盾/吨），锌和铜矿石（18万~27万越南盾/吨）
澳大利亚	2012.7	对500家从事煤矿、铁矿业的公司征收每吨23澳元的碳排放税
南非	2015	承诺2020年将碳排放减少34%，到2025年减少42%。南非财政部拟议中的碳税标准为每吨二氧化碳（当量）征收120兰特（13.6美元）

资料来源：罗秦：《世界性环境税的最新发展与我国的应对》，载于《税务研究》2013年第5期，第28~30页。

新开征的环境保护税，下设税目包括大气污染税、水污染税和固体废物税。

（1）大气污染税。

大气污染税是对大气污染物排放征收的一种税，征税范围包括二氧化碳、二氧化硫、氮氧化物和总悬浮颗粒物等。

子税目一：碳税。

碳税是为了减少二氧化碳排放而开征的税种，主要以化石燃料为征税对象。自 20 世纪 90 年代以来，世界上很多国家（如瑞典、芬兰、荷兰）为了改善环境质量，减少二氧化碳排放，纷纷开征碳税，到 1992 年由欧盟推广开征碳税。

根据北欧国家的经验，征收碳税对改变环境有一定积极作用（见表 6-3），效果显著。因此，为了治理严重的大气污染，中国有必要向北欧国家借鉴经验，开征碳税。

表 6-3　　　　　部分国家征收碳税对环境的影响

国家	评估主体	二氧化碳减排的影响
丹麦	Danish Government, 1999；Danish EEM, 2000；EEA, 2000	减排 100 万吨（1988~1995）； 减排 9%（1988~1999）； 工业领域减排 3%（1988~1996）和 3.4%（1988~1997）
芬兰	PMOPS, 2000	减排 400 万吨，减排 7%（1990~1998）
荷兰	RIVM, 1996	减排 170 万吨（1994）
挪威	EEA, 2000	减排 2%~4%（1991~1993）
瑞典	Swedish EPA, 1997	减排 500 万吨，或总排放量的 9%（1991~1994）

资料来自：周剑、何建坤：《北欧国家碳税政策的研究及启示》，载于《环境保护》2008 年第 23 期，第 71 页。

碳税制度设计主要解决的问题为：对什么征税？在哪个环节征税？对谁征税？征收多高比例的税？

碳税的征收对象包括原煤、原油、天然气、电力等资源。考虑到征税效果，征税环节应设在"下游"，因为对"上游"征收碳税，可能导致税负转嫁；但是对"下游"征税，则可以抑制高能耗产品的消费，从而倒逼相应高能耗产品的生产和化石燃料的消耗。因此，借鉴发达国家经验，中国应该把碳税的征收环节设置在"下游"。

碳税的纳税人可以规定为：在中国境内使用、消耗化石燃料，并且排放二氧化碳的单位和个人。其计税依据为化石燃料的消耗量。

碳税税率应为定额税率。借鉴发达国家经验，中国的碳税税率设计：一是要反映二氧化碳减排的边际费用；二是要对煤炭、石油和天然气等不同的化石燃料实行差别税率；三是要根据物价指数不断调整税率。

借鉴国外发达国家经验，2005 年丹麦、芬兰和荷兰的税率为每吨二氧化碳 20～30 美元，挪威和瑞典每吨二氧化碳约 60 美元[①]。按照此情况，中国碳税的初始税率可以定得低一些，可以定为每吨二氧化碳 10 元，即折算为原煤 19 元/吨，原油 30 元/吨，汽油 28 元/吨，柴油 30 元/吨，天然气 22 元/千立方米。然后，根据二氧化碳排放情况不断调整税率。

征收碳税不是目的，减少碳排放才是最终目的。因此，碳税税制的设计还应该对于积极进行碳减排的单位和个人给予减免税优惠或者财政补贴，比如对农业和海运运输业中的矿物油给予免税等，以激励其积极进行碳减排。

子税目二：二氧化硫税和氮氧化物税

二氧化硫和氮氧化物容易导致酸雨和臭氧浓度升高。中国二氧化硫排放主要来自工业。2006～2011 年，工业二氧化硫排放量占所有二氧化硫排放量的平均比例为 86.5%，工业氮氧化物排放量占所有氮氧化物排放量的平均比例为 76%。2011 年，中国二氧化硫排放量 2 217.9 万吨，氮氧化物排放量 2 404.3 万吨，

---

① 由作者测算得出。数据来自周剑、何建坤：《北欧国家碳税政策的研究及启示》，载于《环境保护》2008 年第 23 期，第 71 页。

均居世界首位。但是，中国并未将其纳入税收调整范畴①。

1972 年，美国最早开征二氧化硫税。此后，瑞典、荷兰等也开征二氧化硫税。直到 1992 年，中国才开始试点二氧化硫收费制度。根据西方征税的经验，中国对二氧化硫和氮氧化物的排放征税制度安排为：以在中国境内排放二氧化硫和氮氧化物等应税污染物的单位和个人为纳税人；计税依据为二氧化硫和氮氧化物的排放量。按照"先排放量、后燃料含硫量"的设计原则，进行税率设计。如果有排放量的检测数据，则按实际检测数据征收；如果缺乏检测数据，则按照物料衡算法或系数法估算二氧化硫和氮氧化物的排放量，作为计税依据。

（2）水污染税。

20 世纪 70 年代开始，德国、荷兰、法国等国家开始对废水征收"水污染税"，当时中国还没有开征水污染税。2012 年底，中国召开的中央经济工作会议提出，要研究推进包括水污染税在内的环境保护税改革②。

水污染税是以在中国境内向自然环境排放的含有污染物（化学需氧量、氨氮、重金属等）的废水的单位和个人，按照其实际排放量进行征收的一种税。

水污染税的税率形式既要体现对水污染的惩罚力度，又要考虑纳税人的负担能力。一般税率形式为差别的定额税率，对危害程度大的废水实行高税率，对于危害程度小的实行低税率。对不超标的水污染物征收 1.4 元/污染当量，对于超标的水污染物征

---

① 高萍：《我国环境税收制度建设的理论基础与政策措施》，载于《税务研究》2013 年第 8 期，第 52～57 页。

② 转引自：《水资源保护很有意义，应征收水污染税》，中国经济新闻网，2013 年 2 月 19 日。

收 2.6 元/污染当量的税收。当实际排放量难以确定时，按照单位或个人的设备生产能力或实际产量测算其排放量。

同时，对积极进行水污染治理，并取得显著效果的单位和个人，给予减免税优惠：对采用节约用水技术和工艺的企事业单位给予企业所得税减免；对减污设备允许加速折旧；为了鼓励企事业单位和个人积极研发水污染防治技术和设备，允许其研发费用在企业所得税前加计扣除。

（3）固体废物税。

2011 年，中国发改委提出要研究对产量大、难处理的固体废物①开始征收环境税，以推动建立资源综合利用的倒逼机制。

固体废物税是对在中国境内排放各种固体废弃物的单位，按照其固体废物排放量征收的一种税，暂且不包括生活垃圾。固体废物的税率一般为定额税率，在税率设计上，按照固体废物类别，区分不同的堆放地点、不同的处理方式和对环境的不同影响，实行差别税率，税率一般要高于目前的排污费标准②。工业固体废物税根据工业固体废物对环境危害大小，适用每吨 5～30 元的税率，对于危险废物③税率最高，按每吨 1 000 元征收。

综上，环境税一般实行专款专用，这样更容易增加社会各界对其税制改革的接受度，减少改革阻力。

同时，新开征环境税时，要循序推进，使纳税人不至于因为

---

① 固体废物是对没有专用储存设施和处置设施，以及专用储存或处置设施达不到防渗漏、防扬散、防流失标准的工业固体废物，具体形式为尾矿、煤矸石、粉煤灰、工业副产石膏、冶炼渣等。
② 固体废物的排污费收标准：冶炼渣 25 元每吨，炉渣 25 元每吨，尾矿 15 元每吨，煤矸石 5 元每吨，粉煤灰 30 元每吨，其他渣 25 元每吨。
③ 危险废物是指列入国家危险废物目录或者根据国家规定的危险废物标准和鉴别方法认定的具有危险特征的废物。

征收环境税而无法承受增加的税负。在征收环境税的同时，一般应减少其他税收，比如，降低能源密集型企业的企业所得税税负，降低个人所得税税负①。同时，可以对于积极节能减排的企业给予专项资金支持。

6.2.4　环境政策的优化选择

根据前面所述，财政政策和税收政策各有其优越性和局限性，单独使用任何一项政策均难以同时满足其有效实施的所有条件，因此，单靠某一项政策很难达到最佳的环境治理效应：环境税有利于促进环境治理和资源节约，但仅靠环境税来治理污染是不够的，财政转移支付、政府绿色采购、污染治理投资等财政支出政策具有税收政策不具备的优点。在环境治理过程中，理想方式是财政政策与税收政策相互配合：当市场存在缺陷又无法确定合理的税率标准时，应积极使用财政政策。特别是跨省污染治理和环境基础设施建设投资等，依靠政府财政支出进行直接干预会比税收政策间接调节的效果好；对于微观企业或个人的生产行为的调整，可以通过征收税收或者税收优惠影响其成本，进而影响其利润，从而改变其生产行为，减少污染，改善环境质量。

中国各项环境治理手段各有优缺点。由图6-1可见，排污收费的总体评价较高，但是，不可否认，严重污染企业的关停并转等行政手段的有效性也较高。任何一个环境政策的总体评价和环境有效性均不能达到满分，因此，政府在选择环境政策时，不

---

① 例如，2012年澳大利亚为避免新碳税政策带来负面影响，将个人所得税免税额从年6 000澳元提高到18 000澳元，同时提高某些福利支出。

应局限于某一类或某两类环境政策，除了前面探讨的财政政策和税收政策之外，在遵循经济发展和环境治理原则、公平和效率原则、成本和效益原则的基础上，政府还应该把环境治理行政手段和许可证制度等市场手段纳入进来，与财税政策进行科学组合，取长补短，共同实现促进环境治理的政策目标。

同时，无论采用哪种环境政策措施，都离不开公众参与。要解决环境治理中深层次的问题，必须让公众广泛参与进来。如果只有少数官员和企业参与，而公众参与缺位，决策容易出现环境治理让位于经济发展的情况。

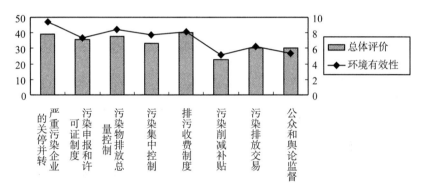

注：总体评价满分为50分，环境有效性的满分为10分。

图6-1　环境政策的效应评价

资料来源：曹东、王金南：《中国工业污染经济学》，中国环境科学出版社1999年版，第234页。

公众参与环境治理的方式有：一是监督财税政策的实施过程。由环保部门向社会公开聘请观察员，允许其旁听并参与相关环保会议，允许其参加政府环境保护部门举行的听证会，加大对环境治理过程的监督，减少权力寻租，激励政府切实履行好环境治理职能。二是建立环境非政府组织，直接参与环境治理过程。政府可以把一些环境项目的权力下放给环境非政府组织，给予其一定的资金支持，由其完成环境治理目标。鼓励公众参与环境治理，有利于环境治理主体地位的观念深入人心，促进经济、环境和社会的协调发展。

参 考 文 献

[1] Aghion, P. , Bloom, N. , Blundell, R. , Griffith, R. and Howitt, P. (2002), "Competition and Innovation: An Inverted U Relationship", *National Bureau of Economic Research*, Vol. 20, No. 1, pp. 701 – 728.

[2] Aidt, T. S. and Dutta, J. (2004), "Transitional Politics: Emerging Incentive-based Instruments in Enviromental Regulation", *Journal of Enviromental Economics and Management*, Vol. 47.

[3] Andreoni, J. and Levinson, A. (1998), "The Simple Analytics of the Environmental Kuznets Curve", *National Bureau of Economic Research*, Vol. 80, No. 5, pp. 269 – 286.

[4] Antweiler, W. , Copeland, B. and Taylor, M. (2001), "Is Free Trade Good for the Environment", *Americal Economic Review*, Vol. 4, No. 91, pp. 877 – 908.

[5] Bernard, A. L. , C. Fischer and A. K. Fox. (2007), "Is There a Rationale for Output – Based Rebating of Environmental Levies?", *Resource and Energy Economics*, Vol. 29, No. 2, pp. 83 – 101.

[6] Bosquet, B. (2000), "Environmental Tax Reform: Does It Work? A Survey of the Empirical Evidence", *Ecological Economics*,

Vol. 34, No. 1, pp. 19 – 32.

[7] Bovenberg, A. L. and Smulders, S. A. (1995), "Environmental Quality and Pollution Augmenting Technological Change in a Two Sector Endogenous Growth Model", *Journal of Public Economics*, Vol. 57, pp. 369 – 391.

[8] Carter, C. R., Kale R. and Grinm C. M. (2000), "Environmental Purchasing and Firm Performance: An Empirical Investigation", *Transportation Research Part*, Vol. 36, pp. 219 – 288.

[9] Caulkins, J. P., Feichtinger, G., Johnson, M., Tragler, G. and Yegorov, Y. (2005), "Skiba Thresholds in a Model of Controlled Migration", *Journal of Economic Behavior and Organization*.

[10] Chirinko, B., Wilson Daniel J. (2007), Tax Competition among U. S. States: Racing to the Bottom or Riding on a Seesaw? Federal Reserve Bank of San Francisco Working Paper.

[11] Chulho, J. Kerry, K. and Roy, B. (1996), "Incentives for Advanced Pollution Abatement Technology at the Industry", *An Evaluation of Policy Alternatives Journal of Environmental Economics and Management*, Vol. 30.

[12] Conrad, K. and Wastl, D. (1995), "The Impacts of Environmental Regulation on Productivity in German Industries", *Empirical Economics*, No. 20, pp. 615 – 633.

[13] Cramton, P. and S. Kerr. (2002), "Tradable Carbon Permit Auctions: How and Why to Auction Not Grandfather", *Energy Policy*, Vol. 30, No. 4, pp. 333 – 345.

[14] Cremer, H., Gahvari, F. and Ladoux, N. (1998),

"Externalities and Optimal Taxation", *Journal of Public Economics*, Vol. 70, No. 3, pp. 343 – 364.

[15] Crocker T. D. and Oates W. E. (1999), "Enviromental Economics: A Survey", *Journal of Economic Literature*. Vol. 30.

[16] Cumberland, J. H. (1981), "Efficiency and Equity in Interregional Environment Management", *The Review of Regional Studies*, No. 2, pp. 1 – 9.

[17] Daniel, P. , M. Keen and C. McPherson, (2010), *The Taxation of Petroleum and Minerals: Principles, Problems, and Practice*, New York: Routledge.

[18] Dasgupta, S. , Laplante, B. , Wang, H. and Wheeler, D. (2002), "Confronting the Environmental Kuznets Curve", *Journal of Economic Perspectives*, No. 16, pp. 147 – 168.

[19] Dasgupta, S. , Laplante, B. , Mamingi, N. and Wang, H. (2001), "Inspections, Pollution Prices, and Environmental Performance: Evidence from China", *Ecological Economics*, No. 36, pp. 487 – 498.

[20] David, R. B. and Grant, F. (1998), "The US Environmental Industry", US Department of Commerce Office Technology Policy.

[21] David, G. and Oekwell. (2008), "Key Policy Considerations for Facilitating Low Carbon Technology Transfer to Developing Countries", *Energy Poliey*, Vol. 36, No. 11.

[22] David, P. G. and Skiba, Y. N. (2003), "Elements of the Mathematical Modeling in the Control of Pollutants Emissions", *Ecological Modelling*.

[23] David, W. , Pearee, R. and Keny, T. (1990), "Econmics of Natural Resources and the Enviroment", London: Harvester Wheat sheaf Press HemPstead.

[24] De Bruyn, S. M. , Van den Bergh, J. C. J. M. and Opschoor, J. B. E. (1998), "Economic Growth and Emissions: Reconsidering the Empirical Basis of Environmental Kuznets Curves", *Ecological Economics*, Vol. 25, Issue. 2, pp. 161 – 175.

[25] Diao, X. D. (2009), "EKC Analysis for Studying Economic Growth and Environmental Quality: a Case Study in China", *Journal of Cleaner Production*, Vol. 17, pp. 541 – 548.

[26] Eli, F. , Yakir, P. and Dafna, M. D. (2001), "Recycled Effluent: Should the Polluter Pay", pp. 958 – 971.

[27] Elisabetta, M. (2001), "The Environmental Kuznets Curve: Development Path or Policy Result", *Environmental Modelling and Soft ware*, Vol. 16, pp. 157 – 165.

[28] Erdmenger, C. (2003), "The Financial Power and Environmental Benefits of Green Purchasing – Buying into the Environment: Experiences, Opportunities. On Chapter of Research Methodologies in Supply Chain Management", Physica Ver-lag HD.

[29] Euston, Q. and Tay, L. B. (2003), "The Economic Cost of Particulate Air Pollution on Health in Singapore", *Journal of Asian Economics*, Vol. 14, No. 1.

[30] Fischer, C. and Newell, R. G. (2008), "Environmental and Technology Policies for Climate Mitigation", *Journal of Environmental Economics and Management*, Vol. 55, No. 2, pp. 142 – 162.

[31] Fmlerton, D. and Kim. S. R. (2003), "Environmental

Investment and Policy with Distortionary Taxes and Endogenous Growth", University of Texas at Austin, Department of Economics.

[32] Frederickson, P. G. and Millimet, D. L. (2002), "Strategic Interaction and the Determina-tion of Environmental Policy across U. S. States", *Journal of Urban Economics*, No. 51, pp. 101 – 122.

[33] Freeman, A., Haveman, R. and Hagevik, G. (1973), "Pollution Control", *Science New Series*, Vol. 4094, No. 181, pp. 10 – 20.

[34] Goulder, L. H. and Schneider, S. H. (1999), "Induced Technological Change and the Attractiveness of CO_2 Emissions Abatement Policies", *Resource and Energy Economics*, Vol. 21, No. 3 – 4, pp. 211 – 253.

[35] Greenstone, M. (2002), "The Impacts of Environmental Regulation on Industrial Activity: Evidence from the 1970 and 1977 Clean Air Act Amendments and the Census of Manufactures", *Journal of Political Economy*, Vol. 110, No. 6, pp. 1175 – 1219.

[36] Grimaud, A. and Rouge, L. (2005), "Polluting Non Renewable Resources, Innovation and Growth: Welfare and Environmental Policy", *Resource and Energy Economics*, Vol. 27, No. 2, pp. 109 – 129.

[37] Gruber, J. and E. Saez, (2002), "The Elasticity of Taxable Income: Evidence and Implications", *Journal of Public Economics*, Vol. 84, No. 1, pp. 1 – 32.

[38] Hartl, R. F. (1998), "A Dynamic Activity Analysis for A Monopolistic Firm", *Optimal Control Application and Methods*, No. 9, pp. 253 – 272.

[39] Hettige, H. , Mani, M. and Wheeler, D. (2000), "Industrial Pollution in Economic Development: Kuznets Revisited", *Journal of Development Economics*, No. 2, pp. 445 – 476.

[40] Isaksson, L. H. (2006), "Refunded Emission Payments Theory, Distribution of Costs, and Swedish Experience of NOx Abatement", *Ecological Economics*, Vol. 57, No. 1, pp. 93 – 106.

[41] Jerrold, M. P. (1977), *Estimating an Effluent Charge: The Reserve Mining Case*, University of Wisconsin Press, pp. 328 – 341.

[42] Johnston, A. (2006), "Free Allocation of Allowances under the EU Emissions Trading Scheme: Legal Issues", *Climate Policy*, Vol. 6, No. 1, pp. 115 – 36.

[43] K. A. Small. (2005), "Does Britain or the United States Have the Right Gasoline Tax?", *American Economic Review*, Vol. 95, No. 4, pp. 1276 – 1289.

[44] Kinnaman, T. C. and D. Fullerton. (2000), "Garbage and Recycling with Endogenous Local Policy", *Journal of Urban Economics*, Vol. 48, Issue 3, pp. 419 – 426.

[45] Laplante, B. and Rilstone, Paul. (1995), "Environmental Inspections and Emissions of the Pulp and Paper Industry: The Case of Quebec", The World Bank Policy Research Wording Paper Series.

[46] Lofgren, A. , Millock, K. and Nauges, C. (2008), "The Effect of Uncertainty on Pollutionabatement Investments: Measuring Hurdle Rates for Swedish Industry", *Resource and Energy Economics*, Vol. 30, pp. 475 – 491.

[47] Magat, W. and Viscusi, K. (1990), "Effectiveness of the EPA's Regulatory Enforcement: the Case of Industrial Effluent Standards", *Journal of Law and Economics*, Vol. 33, No. 2, pp. 331 – 360.

[48] Mauzerall, D., Sultan, B., Kim, N. and Bradford, D. F. (2005), "NOx Emissions from Large Point Sources: Variability in Ozone Production, Resulting Health Damages and Economic Costs", *Atmospheric Environment*, Vol. 39, pp. 51 – 66.

[49] Michael, B. and Alfred, E. (1985), "On the Economics of Effluent Charge", ECONIS – Online Catalogue of the ZBW. pp. 891 – 897.

[50] Montgomery, W. D. (1972), "Markets in Licenses and Efficient Pollution Control Programs", *Journal of Economic Theory*, Vol. 5, No. 3, pp. 395 – 418.

[51] Nadeau, L. W. (1997), "EPA Effectiveness at Reducing the Duration of Plant Level Noncompliance", *Journal of Environmental Economics and Management*, Vol. 34, No. 1, pp. 54 – 78.

[52] Newbery, D. M. (1990), "Pricing and Congestion: Economic Principles Relevant to Pricing Roads", *Oxford Review of Economic Policy*, Volume 6, Issue 2, pp. 22 – 38.

[53] Newell, R. G. and Stavins, R. N. (2003), "Cost Heterogeneity and the Potential Savings from Market-based Policies", *Journal of Regulatory Economics*, Vol. 23, No. 1, pp. 43 – 59.

[54] Oates, W. E., P. R. Portney and A. M. McGartland. (1989), "The Net Benefits of Incentive – Based Regulation: A Case Study of Environmental Standard Setting", *American Economic Re-*

view, Vol. 79, No. 5, pp. 1233 – 1242.

[55] Palmer, K., Sigman, H. and Walls, M. (1997), "The Cost of Reducing Municipal Solid Waste", *Journal of Environmental Economics and Management*, Vol. 33, Issue 2, pp. 128 – 150.

[56] Panayoutou. (1997), "Demystifying the Environmental Kuznets Curve: Turning a Black Box into a Policy Tool", *Environment and Development Economics*, No. 2, pp. 465 – 484.

[57] Parry, I. W. H., W. A. Pizer and C. Fischer. (2003), "How Large are the Welfare Gains from Technological Innovation Induced by Environmental Policies?", *Journal of Regulatory Economics*, Vol. 23, No. 3, pp. 237 – 255.

[58] Parry, I. and Small, K. (2005), "Does Britain or the United States Have the Right Gasoline Tax?", *American Economic Review*, Vol. 95, No. 4, pp. 1276 – 1289.

[59] Pearce, D. (1991), "The Role of Carbon Taxes in Adjusting to Global Warming", *The Economic Journal*, Vol. 101, No. 407, pp. 938 – 948.

[60] Peter, H. C. (2001), "Without Conflict? Environmentalism, NGOs and Civil Society in China", *Development and Change*, Vol. 32, No. 5, pp. 33 – 34.

[61] Pizer, W. A. (2002), "Combining Price and Quantity Controls to Mitigate Global Climate Change", *Journal of Public Economics*, Vol. 85, Issue 3, pp. 409 – 434.

[62] Pope, C. A. and Burnett, R. T. (2004), "Cardiovascular Mortality and Long Term Exposure to Particulate Air Pollution: Epidemiological Evidence of General Pathophysiological Pathways of Dis-

ease", *Circulation*, Vol. 109, No. 1, pp. 71 – 77.

[63] Popp, D. (2004), "Entice: Endogenous Technological Change in the DICE Model of Global Warming", *Journal of Environmental Economics and Management*, Vol. 48, No. 1, pp. 742 – 768.

[64] Poterba, J. M. and Rotemberg, J. J. (1995), "Environmental Taxes on Intermediate and Final Goods When Both Can Be Imported", *International Tax and Public Finance*, Vol. 2, No. 2, pp. 221 – 228.

[65] Potoski, M. (2001), "Clean Air Federalism: Do States Race to the Bottom?", *Public Administration Review*, Vol. 61, No. 3, pp. 335 – 342.

[66] Quinet, E. (2004), "A Meta – Analysis of Western European External Costs Estimates", *Transportation Research Part D*, Vol. 9, No. 6, pp. 465 – 476.

[67] Rauscher, M. (2005), "Economic Growth and Tax-competition Leviathans", *International Tax and Public Finance*, Vol. 12, pp. 457 – 474.

[68] Reschovsky, J. D. and S. E. Stone. (1994), "Market Incentives to Encourage Household Waste Recycling: Paying for What You Throw Away", *Journal of Policy Analysis and Management*, Vol. 13, No. 1, pp. 120 – 139.

[69] Richard, F. Elmore. (1978), "Organizational Models of Social Program Implementation", *Public Polciy*, Vol. 26, No. 2.

[70] Sandmo, A. (1976), "Direct Versus Indirect Pigovian Taxation", *European Economic Review*, Vol. 7, Issue 4, pp. 337 – 349.

[71] Santos, G. and F. Fraser. (2006), "Road Pricing: Lessons from London", *Economic Policy*, Vol. 21, Issue 46, pp. 263 – 310.

[72] Seung, J. K., Seung, H. Y. and Tai, Y. K. (2001), "A Constructive Approach to Air-quality Valuation in Korea", *Ecological Economics*, No. 38.

[73] Shibli, M. Y. (1995), "Industrial Pollution Control Policies in Asia: How Successful Are the Strategies", *Asian Journal of Environmental Management*, No. 3, pp. 38 – 45.

[74] Sinclair, P. (1992), "High Does Nothing and Rising Is Worse: Carbon Taxes Should Keep Declining to Cut Harmful Emissions", *The Manchester School*, Vol. 60, No. 1, pp. 41 – 52.

[75] Stephen, D. C. and Adam, R. (1998), "Carbon Dioxide Emission in the U. S. Economy", *Environment and Resource Economics*, Vol. 113, No. 3, pp. 349 – 363.

[76] Stiglitz, J. (1974), "Growth with Exhaustible Natural Resources: Efficient and Optimal Growth Paths", *Review of Economic Studies (Symposium)*, No. 41, pp. 123 – 137.

[77] Stokey, N. L. (1998), "Are There Limits to Growth", *International Economic Review*, No. 39, pp. 1 – 31.

[78] Strassmann, D. L. (1984), "Effluent Fees and Market Structure," *Journal of Public Economics*, Vol. 24, No. 1, pp. 29 – 46.

[79] Subhash, C. R. and Mukherjee, K. (2007), "Efficiency in Managing the Environment and the Opportunity Cost of Pollution Abatement", Economics Working Papers, Department of Economics.

[80] Tessuo, O. (1996), "Optimal Tax Schemes and the Enviromental Externality", *Economics Letters*, Vol. 53, pp. 283 – 289.

[81] Tzouvelekas, E., Vouvaki, D. and Xepapadeas, A. (2007), "Total Fator Productivity Growth and the Environment: A Case for Green Growth Accounting", Working Papers, Fondazione Eni Enrico Matte, No. 38.

[82] Wang, H., Di, W. (2002), "The Determinants of Government Environmental Performance: An Empirical Analysis of Chinese Townships", Policy Research Working Paper, The World Bank, No. 2937.

[83] Wilson, J. D. (1999), "Theories of Tax Competition", *National Tax Journal*, Vol. 52, No. 2, pp. 269 – 304.

[84] World Bank. (1992), *China: Enviromantal Strategy Paper*, NewYork: Oxford University Press.

[85] Wynter, C. I. (2004), "Correlation of Coal Calorific Value and Sulphur Content with 57Fe Mossbauer Spectral Absorption", *Hyperfine Interactions*, Vol. 153, No. 1, pp. 147 – 152.

[86] Zhang, Z. X. and Baranzini. (2004), "What Do We Know about Carbon Taxes an Inquiry into Their Impacts on Competitiveness and Distribution of Income", *Energy Policy*, No. 32, pp. 507 – 518.

[87] 保罗·R·伯特尼, 罗伯特·N·史蒂文斯:《环境保护的公共政策》, 上海人民出版社 2004 年版。

[88] 保罗·埃金斯、斯蒂芬·斯宾克:《环境税改革与绿色增长: 欧洲视角》, 载于《中国地质大学学报》2013 年第 1 期。

[89] 蔡自立：《可持续发展与财税政策研究》，http：//d. wanfangdata. com. cn/Thesis_Y829358. aspx，2005 年。

[90] 陈书全、冯曾珍：《论发达国家政府环境管理及其对我国的启示》，载于《中国海洋大学学报》2009 年第 5 期。

[91] 丛选功、张毅文：《环境税——规制公害的新举措》，载于《环境科学动态》1995 年第 6 期。

[92] 仇冬芳、周月书：《我国环境规制与污染密集型产业发展的协整机制——基于 VAR 模型和 VEC 模型的实证研究》，载于《技术经济》2013 年第 6 期。

[93] 崔亚飞、刘小川：《中国地方政府间环境污染治理策略的博弈分析——基于政府社会福利目标的视角》，载于《理论与改革》2009 年第 6 期。

[94] 崔亚飞、宋马林：《我国省际工业污染治理投资强度的策略互动性——基于空间计量的实证测度》，载于《技术经济》2013 年第 4 期。

[95] 崔景华：《促进我国排污权交易的财税政策探讨》，载于《财经问题研究》2007 年第 4 期。

[96] 邓子基：《低碳经济与公共财政》，载于《当代财经》2010 年第 4 期。

[97] 丁建微：《内生增长理论与我国经济增长》，载于《经济研究导刊》2009 年第 14 期。

[98] 董秀海、李万新：《地方环保投资驱动因素研究》，载于《云南师范大学学报（哲学社会科学版）》2008 年第 3 期。

[99] 方元子、冯海波：《财政均等化理论与制度设计》，载于《当代经济研究》2013 年第 8 期。

[100] 傅勇:《财政分权政府治理与非经济性公共物品供给》,载于《经济研究》2010 年第 8 期。

[101] 傅国伟、王永航:《排污收费标准制定理论及技术方法研究》,载于《环境科学学报》1997 年第 3 期。

[102] 傅志华:《促进低碳经济发展的财税政策体系建设》,载于《中国财政》2010 年第 4 期。

[103] 高萍:《开征碳税的必要性、路径选择与要素设计》,载于《税务研究》2011 年第 1 期。

[104] 郭志仪、郑周胜:《财政分权、晋升激励与环境污染:基于 1997~2010 年省级面板数据分析》,载于《西南民族大学学报(人文社会科学版)》2013 年第 3 期。

[105] 侯瑜、陈海宇:《基于完全信息静态博弈模型的最优排污费确定》,载于《南开经济研究》2013 年第 1 期。

[106] 何凌云、祝婧然、边丹册:《我国环保投资对环保产业发展的影响研究——基于全国和区域样本数据的经验分析》,载于《软科学》2013 年第 1 期。

[107] 何志敏:《治理环境污染须运用税收政策》,载于《贵州财经学院报》2000 年第 1 期。

[108] 黄菁、陈霜华:《环境污染治理与经济增长:模型与中国的经验研究》,载于《南开经济研究》2011 年第 5 期。

[109] 姜博、童心田、郭家秀:《我国环境污染中政府、企业与公众的博弈分析》,载于《统计与决策》2013 年第 12 期。

[110] 江珂:《我国环境规制的历史、制度演进及改进方向》,载于《改革与战略》2010 年第 6 期。

[111] 计金标:《生态税收及其产生》,载于《中国税务》1997 年第 1 期。

[112] 科尔：《污染与财产权：环境保护的所有权制度比较研究》，北京大学出版社 2009 年版。

[113] 蒋尉：《欧盟环境政策的有效性分析：目标演进与制度因素》，载于《欧盟战略专题研究》2011 年第 5 期。

[114] 凌亢、王浣尘、刘涛：《城市经济发展与环境污染关系的统计研究——以南京市为例》，载于《统计研究》2001 年第 10 期。

[115] 李伯涛、马海涛、龙军：《环境联邦主义理论述评》，载于《财贸经济》2009 年第 10 期。

[116] 李传轩：《中国环境税法律制度之构建研究》，法律出版社 2011 年版。

[117] 李树、陈屹立、陈刚：《环保产业发展与区域环境质量改善——来自省级面板数据的证据》，载于《中南财经政法大学学报》2011 年第 5 期。

[118] 李淑霞：《政府环境税收政策的经济效应理论与实证分析》，载于《哈尔滨工业大学学报（社会科学版）》2002 年第 3 期。

[119] 李玉梅：《我国污染控制政策研究——兼论我国污染税的开征》，http：//d. wanfangdata. com. cn/Thesis_Y1345356. as-px，2007 年。

[120] 李云雁：《财政分权环境管制与污染治理》，载于《学术月刊》2012 年第 6 期。

[121] 李忠、沈宏、陈伟：《加拿大环境税对我国的启示》，载于《中国经贸导刊》2013 年第 10 期。

[122] 梁伟、张慧颖、姜巍：《环境税"双重红利"假说的再检验——基于地方税视角的分析》，载于《财贸研究》2013 年

第 4 期。

[123] 卢洪友、祁毓:《均等化进程中环境保护公共服务供给体系构建》,载于《环境保护》2013 年第 2 期。

[124] 陆旸:《从开放宏观的视角看环境污染问题:一个综述》,载于《经济研究》2012 年第 2 期。

[125] 罗秦:《世界性环境税的最新发展与我国的应对》,载于《税务研究》2013 年第 5 期。

[126] 马士国:《环境规制机制的设计与实施效应》,http://d. wanfangdata. com. cn/Thesis_Y1171589. aspx,2007 年。

[127] 马晓钰、李强谊、郭莹莹:《中国财政分权与环境污染的理论与实证——基于省级静态与动态面板数据模型分析》,载于《经济经纬》2013 年第 5 期。

[128] 毛晖、汪莉、杨志倩:《经济增长、污染排放与环境治理投资》,载于《中南财经政法大学学报》2013 年第 5 期。

[129] 潘文砚、王宗军:《我国区域低碳效率实证研究》,载于《金融与经济》2013 年第 9 期。

[130] 齐亚伟:《区域经济合作中的跨界环境污染治理分析——基于合作博弈模型》,载于《区域经济》2013 年第 4 期。

[131] 尚宇红:《治理环境污染问题的经济博弈分析》,载于《理论探索》2005 年第 6 期。

[132] 石晓波:《政府绿色采购制度:海外规制经验与中国制度建设》,载于《财政研究》2009 年第 1 期。

[133] 苏明、傅志华、刘军民、张维:《中国环境经济政策的回顾与展望》,载于《经济研究参考》2007 年第 27 期。

[134] 司言武:《环境税经济效应研究:一个趋于全面分析框架的尝试》,载于《财贸经济》2010 年第 10 期。

［135］孙立成、周德群、李群：《基于非径向 DEA 模型的区域环境绩效评价研究》，载于《统计与信息论坛》2009 年第 7 期。

［136］孙亦军、梁云凤：《我国个人所得税改革效果评析及对策建议》，载于《中央财经大学学报》2013 年第 1 期。

［137］孙刚、赵骥民、房岩、隋华军、安永辉、杨校园：《我国开征环境税的可行性分析》，载于《生态经济》2008 年第 8 期。

［138］谭光荣、李廷：《环境税与环保税制体系的调整》，载于《财经理论与实践》2008 年第 3 期。

［139］童锦治、朱斌：《我国现行环境税费的环保效果：基于地方政府视角的分析》，载于《税务与经济》2012 年第 5 期。

［140］田民利：《我国现行环境税费制度缺失原因分析及对策建议》，载于《财政研究》2010 年第 12 期。

［141］万融：《欧盟的环境政策及其局限性分析》，载于《山西财经大学学报》2003 年第 4 期。

［142］王德高、陈思霞：《排污费政策取向：基于相关数据的实证分析》，载于《学习与实践》2009 年第 5 期。

［143］王宝顺、刘京焕：《地方政府公共支出空间外溢效应对区域经济增长的影响》，载于《天津财经大学学报》2011 年第 10 期。

［144］王京芳、刘丽丽、盛其杰：《环境税的倍加红利效应及其在西部地区发挥作用的探讨》，载于《西安建筑科技大学学报》2005 年第 3 期。

［145］王丽珂：《面向公众参与的政府环境管理研究》，http://d. wanfangdata. com. cn/Thesis_Y1571193. aspx，2009 年。

[146] 王意涵：《对我国开征环境税的初步设想》，载于《经济研究参考》2009 年第 4 期。

[147] 王岭：《环境规制、公众参与和环境污染治理——基于中国省级面板数据的实证分析》，载于《国有经济评论》2011 年第 3 期。

[148] 王玉明、邓卫文：《加拿大环境治理中的跨部门合作及其借鉴》，载于《岭南学刊》2010 年第 5 期。

[149] 王晓丽：《论越界环境污染的几种国际解决途径》，载于《对外经贸实务》2008 年第 3 期。

[150] 王朝才、冷永生、刘金科：《进一步促进农村环境保护的财政政策研究》，载于《经济研究参考》2011 年第 32 期。

[151] 王文普：《环境规划的经济效应研究——作用机制与中国实证》，http：//cdmd. cnki. com. cn/Article/CDMD－10422－1012461542. htm，2012 年。

[152] 魏玉平：《中国环境管制为什么失灵？——从管制者角度的分析》，载于《江汉大学学报（社会科学版）》2010 年第 1 期。

[153] 吴舜泽、逯元堂、苏明、刘军民、赵央：《中国环境保护财税政策分析》，载于《环境保护》2008 年第 15 期。

[154] 夏庆、澍兰天：《中国经济增长与环境污染关系的实证性研究》，载于《企业导报》2011 年第 1 期。

[155] 胥力伟：《基于环境税作用机理的我国环境税改革风险分析》，载于《中央财经大学学报》2010 年第 4 期。

[156] 徐丰果：《循环经济与环境税费制度改革》，载于《求索》2008 年第 2 期。

[157] 邢会强：《基于激励原理的环境税立法设计》，载于

《税法理论与实务》2013 年第 7 期。

[158] 薛钢、陈思霞：《中国环境公共支出、技术效率与经济增长》，载于《中国人口资源与环境》2014 年第 1 期。

[159] 薛钢、纪惠文：《环境税税收返还制度的国际经验与借鉴》，载于《涉外税务》2011 年第 8 期。

[160] 严明清：《城市排污收费的经济分析基于——武汉市的案例研究》，http://d. wanfangdata. com. cn/Thesis_D005626. aspx，2004 年。

[161] 闫文娟、钟茂初：《中国式财政分权会增加环境污染吗》，载于《财经论丛》2012 年第 3 期。

[162] 杨俊、陆宇嘉：《基于三阶段 DEA 的中国环境治理投入效率》，载于《系统工程学报》2012 年第 5 期。

[163] 易志斌：《地方政府竞争的博弈行为与流域水环境保护》，载于《经济问题》2011 年第 1 期。

[164] 殷德生：《最优财政分权与经济增长》，载于《世界经济》2004 年第 11 期。

[165] 原毅军、耿殿贺：《环境政策传导机制与中国环保产业发展——基于政府、排污企业与环保企业的博弈研究》，载于《中国工业经济》2010 年第 10 期。

[166] 张庆民、王海燕、欧阳俊：《基于 DEA 的城市群环境投入产出效率测度研究》，载于《中国人口·资源与环境》2011 年第 21 期。

[167] 张明斗、王雅莉：《中国新型城镇化发展中的财税政策研究》，载于《现代经济探讨》2013 年第 11 期。

[168] 张丽、杜培林、郝妍：《环境税的国际实践经验及借鉴》，载于《财会研究》2011 年第 9 期。

［169］张晓：《中国环境政策的总体评价》，中国社会科学出版社1999年版。

［170］张征宇、朱平芳：《地方环境支出的实证研究》，载于《经济研究》2010年第5期。

［171］张志仁：《基于环境保护的中国环境税费体系建设的研究》，http：//d. wanfangdata. com. cn/Thesis ＿ Y633622. aspx，2004年。

［172］张克中、王娟、崔小勇：《财政分权与环境污染：碳排放的视角》，载于《中国工业经济》2011年第10期。

［173］郑周胜、黄慧婷：《地方政府行为与环境污染的空间面板分析》，载于《系统与信息论坛》2011年第10期。

［174］郑垂勇、徐利、王海赟、徐胜：《税收杠杆调控太湖污染的初步设想》，载于《生态经济》2008年第5期。

［175］周旭亮：《非营利组织"第三次分配"的财税激励制度研究》，http：//d. wanfangdata. com. cn/Thesis_Y1794291. aspx，2010年。

［176］朱坦、刘倩：《以"创模"促进资源节约型和环境友好型社会的构建》，载于《环境保护》2006年第5期。

［177］朱迎春：《我国节能减排税收政策效应研究》，载于《当代财经》2012年第5期。

［178］朱翔：《关于建立我国环境保护税制的探讨》，http：//d. wanfangdata. com. cn/Thesis_W012856. aspx，2002年。

［179］朱煜、崔健：《产业环境创新指标体系构建与模型估计》，载于《统计与决策》2013年第16期。

后　记

本书是在我的博士论文基础上修改而成的。读博期间，山东大学的老师和同学们对我的帮助很大，谨在此向老师们和同学们表达最诚挚的谢意！

首先，特别感谢导师李齐云教授。博士毕业论文是在李老师的悉心指导下完成的，感谢李老师对我的关心和照顾，李老师的言传身教使我受益匪浅。李老师渊博的学识、严谨的治学态度、温和的待人风格无不值得我学习。

感谢樊丽明教授。樊老师知识渊博、治学严谨，每次在课堂上的论文点评都一语中的。樊老师严厉又不失和蔼，极富个人魅力，是我学习的楷模。

感谢山东大学的李文教授、解垩教授、陈东教授为本书的写作和修改提出的宝贵建议！感谢山东大学的师兄师姐、师弟师妹给予我的关怀和帮助，感谢你们在我学习过程中给予我的鼓励和支持！感谢同学们，曾经一起上课，一起讨论，一起玩耍……这一切都那么美好。

感谢青岛科技大学经济与管理学院的领导和同事，感谢你们给予我工作和学业上的理解、关爱和照顾，在此表示深深的感谢！今后我将继续努力工作！

最后，要特别感谢我的家人。感谢父母对我一路以来的无私帮助和关怀，感谢公公婆婆对我的照顾，感谢我先生的鼎力支持。正因为有了你们的支持，我的论文才得以顺利完成。

沉甸甸的感激之情放在内心深处，爱你们！

张玉

2014 年 10 月　青岛